Musik um uns

Vera Funk

Komponistinnen

Vom Mittelalter bis zur Gegenwart

herausgegeben
von Ulrich Prinz

Metzler

Komponistinnen
Vom Mittelalter bis zur Gegenwart

Prof. Dr. Ulrich Prinz (Hg.)
Dr. Vera Funk

Für den Musikunterricht
an allgemein bildenden Schulen

Als Begleitmedium
ist eine **CD** erhältlich:
3–507– 02485–3

HB = Hörbeispiel

Umschlaggestaltung und Layout:
Jesse Konzept + Text GmbH, Hannover
Satz: Compusatz Castera, Bredenbeck
Lithographie: Jürgen Rohrssen, Hannover
Druck: Oeding, Braunschweig

ISBN 3–507–**02482**–9

Druck A 5 4 3 2 1 / Jahr 2003 2002 2001 2000 1999

Alle Drucke der Serie A sind im Unterricht parallel verwendbar,
da bis auf Behebung von Druckfehlern unverändert.
Die letzte Zahl nennt das Jahr des Drucks.
Printed in Germany

Inhalt

Einleitung

Warum
giebt es so wenige Componistinnen!

Warum giebt es so wenige Componistinnen? Und warum haben diese Wenigen, auf dem Gebiete der musikalischen Composition bisher nicht annähernd geleistet, was von Männern in dieser Kunst durch Jahrhunderte geleistet worden ist.

Vortrag
verfasst und gehalten von S. Jessel
in der Ortsgrube des Allgemeinen Deutschen Frauenvereins
zu FRANKFURT a. M.
am 25. April 1898.

Recensions-Exemplar!

G. Horstmann's Druckerei. Frankfurt a. M.

Titelseite eines gedruckten Vortrags von 1898 zum Thema Komponistinnen

Als diese Frage vor etwa 100 Jahren gestellt wurde, waren Komponistinnen fast vollkommen vergessen, denn Werke von Frauen wurden als bedeutungslos angesehen. Dabei hatte es immer wieder Komponistinnen gegeben, deren Werke erfolgreich aufgeführt worden waren. Welche Komponistinnen kennt ihr heute? Vielleicht bekannte Popmusikerinnen, die ihre Songs selbst schreiben – oder aus früherer Zeit die Frau auf dem Hundertmarkschein, CLARA SCHUMANN? Aber wie klingt ihre Musik – unter welchen Bedingungen entstanden ihre Werke und die ihrer Kolleginnen? Dabei gibt es viel zu entdecken.

Alkaios und Sappho, um 470 v. Chr.

Während heute jeder MOZART noch kennt, ist fast völlig vergessen, dass es eine MARIANNE MARTINEZ gab, die mit ihm vierhändig am Klavier spielte und deren Werke im 18. Jahrhundert gerühmt wurden. Andere Mädchen zu ihrer Zeit lernten etwas komponieren, ohne jedoch eine Chance zu haben, ihre ›Schreibkunst‹ mithilfe guter Lehrer bis zur Perfektion verbessern zu können und ihre Werke öffentlich aufführen zu lassen. Dies galt beispielsweise auch für MARIA ANNE MOZART (NANNERL), obwohl sie in ihrer Kindheit als Pianistin fast genau so berühmt war wie ihr Bruder.

Immerhin werden von Plattenfirmen – auf der Suche nach Neuentdeckungen – in letzter Zeit zahlreiche Stücke von Komponistinnen wieder ausgegraben und eingespielt.

Dass Frauen öffentlich Musik machten oder gar komponierten, war keineswegs immer selbstverständlich – und endete meist nach der Heirat. Die Hauptaufgabe der Frauen war dann die ›Organisation‹ des Privatlebens – wie noch heute in vielen Kulturen der Welt.

Ein kurzer Rückblick

Als Witwe gründete die griechische Dichterin SAPPHO (600 v. Chr.) in der **Antike** einen Verband unverheirateter Frauen, die als ›Dienerinnen der Musen‹ musizierten. Für ihre Gruppe schrieb und vertonte SAPPHO Gedichte – vor allem zu Ehren von Gottheiten oder für öffentliche Feste wie Hochzeiten. SAPPHO ist auf vielen antiken Vasen abgebildet. Wie ihre Musik geklungen hat, kann man nur noch ahnen.

Etwas mehr ist über die Musikerinnen des **Mittelalters** bekannt. So hat der Frauengesang in den christlichen Kirchen des Vorderen Orients eine Tradition: Die byzantinische Nonne KASIA komponierte im 9. Jahrhundert viele Lieder. In Deutschland wurden später Gesänge der katholischen Nonne HILDEGARD VON BINGEN berühmt – obwohl zu ihrer Zeit den Frauen verboten war, in der Kirche zu singen (›mulier taceat in ecclesia‹). Singende Frauen wurden oft als Zauberinnen, Hexen oder Dirnen angesehen – also rätselhafte, gefährliche, unmoralische Wesen. Noch zur Zeit des **Barock** verbot Papst SIXTUS den Frauen, in den Theatern Roms aufzutreten. Daher übernahmen Kastraten die Frauenrollen.

Nachdem trotzdem Musikerinnen in **Renaissance** und **Barock** hervorgetreten waren, verbesserte sich die Situation musizierender Frauen keineswegs kontinuierlich durch die Epochen. Im **18. Jahrhundert** wurden – entgegen der Freiheitsbewegungen der Französischen Revolution – die Möglichkeiten für Frauen im öffentlichen Leben auch auf musikalischem Gebiet eingeschränkt. Dazu gehört auch, dass bestimmte Instrumente als ›unschicklich‹ für eine Frau angesehen wurden, z. B. die ›unweiblich‹ kräftigen Blechblas- und Schlaginstrumen-

Diese Karikatur von 1799 entstand zehn Jahre nach den Gleichheitsbestrebungen (›égalité‹) der Französischen Revolution. Es galt als unweiblich, auf ›männlichen‹ Blas-und Schlaginstrumenten zu spielen.

te, aber auch Streichinstrumente wie etwa das Cello, bei dem die Spielhaltung für Frauen als ›unschicklich‹ galt.

Gerne sah man musizierende Frauen in den Salons des **19. Jahrhunderts**, also halb privaten Treffen, wenn sie auf dem Klavier ein Stückchen vortrugen oder ein Liedchen sangen. Komponieren dagegen war Männersache. Frauen galten als weniger begabt und unfähig, begnadete ›Genies‹, also schöpferisch tätige Künstler zu sein. Und da sie nach der Heirat durch häusliche Pflichten meist keine Zeit mehr hatten und die Übung verloren, lernten viele Komponistinnen tatsächlich nicht so viel wie ihre männlichen Kollegen. Als der Komponist GUSTAV MAHLER seiner Frau ALMA nach der Heirat das Komponieren verbot, gelang es ihr auch später nicht mehr, an die viel versprechenden Werke ihrer Jugend anzuknüpfen. Trickreich umschiffte die Französin AUGUSTA HOLMES (eine Zeitgenossin WAGNERS) die ›Frauenhürde‹. Sie ließ ihre Werke sicherheitshalber unter dem Pseudonym HERMANN ZENTA drucken. Und FANNY HENSEL veröffentlichte ihre Werke zunächst unter dem Namen ihres Bruders FELIX MENDELSSOHN. Sie half sich – wie später die Engländerin ETHEL SMYTH – selbst, um ihre Stücke zur Aufführung zu bringen, indem sie diese mit eigenem Ensemble dirigierte. MARY LOU WILLIAMS, eine Jazzmusikerin, gründete aus denselben Gründen eine Frauenband.

Der **Nationalsozialismus** bedeutete auch ein düsteres Kapitel für komponierende Frauen, vor allem in Deutschland, weil das Ideal der treu sorgenden Hausfrau und Mutter (inclusive ›Mutterorden‹) propagiert wurde.

In Orchestern und Bands sind Musikerinnen **heutzutage** selbstverständlich vertreten. Eine Dirigentin wird aber nach wie vor kritisch beäugt. Nach einer langen und zähen Entwicklung zur Emanzipation finden sich die Werke herausragender Komponistinnen immer öfter auf den Programmzetteln.

Wie ›ernst‹ das Musikmachen von Frauen genommen wurde, zeigt diese Karikatur.

Kleine Gebrauchsanweisung

Auch wenn die Kapitel nach Epochen und Musikstilen angeordnet sind, könnt ihr durch die Zeiten und Musikrichtungen springen. Dabei sind sehr verschiedene Stücke zu übergreifenden Themenbereichen zu entdecken, z. B. Musik zu Jahreszeiten, Monstern, für die Kirche. Das ›Thema Nr. 1‹, die Liebe, hat Carole King mit ihrer Girl Group in den 60er Jahren ebenso aufgegriffen wie – lange vor ihr – Barbaba Strozzi in ihren Solodarbietungen zur Zeit des Barock. Die Königstochter Anna Amalia von Preußen wie später die Engländerin Ethel Smyth komponierten zwar ähnliche Formen, z. B. Märsche, aber unter völlig anderen gesellschaftlichen Bedingungen. Und wenn ihr die Gesangsarten vergleicht: Cathy Berberian sorgt für besondere Überraschungen.

Innerhalb der Kapitel ist es sicher auch einmal spannend, erst Musik zu hören und selbst zu spielen, bevor ihr euch über die Komponistinnen genauer informiert. Im Anhang findet ihr hierzu Literaturhinweise.

A *Findet heraus, ob in Konzertankündigungen eurer Gegend, CD-Läden und Radioprogrammen auch Werke von Komponistinnen vertreten sind.*

Hildegard von Bingen:

Ich sehe die Dinge nicht mit den äußeren Augen und höre sie nicht mit den äußeren Ohren, auch nehme ich sie nicht mit den Gedanken meines Herzens wahr noch durch irgendwelche Vermittlung meiner fünf Sinne.
Ich sehe vielmehr einzig in meiner Seele, mit offenen leiblichen Augen, sodass ich dabei niemals die Bewusstlosigkeit einer Ekstase erleide, sondern wach schaue ich dies, bei Tag und Nacht.

Mittelalter

Hildegard von Bingen: ›Visionen‹

(1098 Bermersheim – 1179 Rupertsberg)

Über die Musikerinnen des Mittelalters ist wenig bekannt. Viele ihrer Werke wurden nicht oder erst später notiert. Am ehesten kennen wir Stücke, die in Klöstern entstanden, da die Nonnen ihre Noten handschriftlich aufzeichneten.

Von HILDEGARD, deren Musik heute auch durch Pop-Versionen bekannt ist, hätte wohl kein Zeitgenosse vermuten können, dass sie eine der berühmtesten Frauen ihrer Zeit werden würde. Ihre Lebenszeit von 81 Jahren ist für mittelalterliche Verhältnisse ungewöhnlich lang. Dabei war sie als Kind oft krank und litt zudem unter Visionen von Engeln oder Verstorbenen, die zu ihr sprachen. PAPST EUGEN II. bestätigte ihr allerdings, dass ihre ›Gesichte‹ theologisch ernst zu nehmen seien.

Ihren Beinamen ›von Bingen‹ erhielt HILDEGARD, als sie 1147 das Frauenkloster *Rupertsberg* (bei Bingen am Rhein) gründete – eine ebenfalls höchst ungewöhnliche Tat für Frauen. Als Jüngste der zehn Kinder des adligen ›ritterlichen Dienstmannes‹ von Bermersheim in der Pfalz wurde HILDEGARD seit ihrem achten Lebensjahr von Benediktinerinnen unterrichtet und lebte dann ab ihrem 14. Lebensjahr ganz im Kloster. So hatte sie die damals seltene Gelegenheit, als Mädchen lesen und schreiben und sogar Latein zu lernen – die damalige Universalsprache. Für die meisten Menschen galt sie als Heilkundlerin, zu der man von weit her angereist kam. Sie verfasste naturkundliche Bücher, die bis heute Grundlage von Heilkuren sind. Ihre berühmten theologischen Schriften wurden von ihrem Assistenten VOLMAR handschriftlich notiert, denn der Buchdruck war zu ihrer Zeit noch nicht erfunden.

Hildegard und Volmar

HILDEGARD war äußerst aktiv und selbstbewusst: Gegen den Willen ihres Vorgesetzten hatte sie bereits das Kloster *Rupertsberg* gegründet. Auf der gegenüberliegenden Rheinseite ließ sie ein weiteres Kloster bauen (*Eibingen* bei Rüdesheim), in das auch bürgerliche Nonnen aufgenommen wurden (Adlige und Bürgerliche waren in den Klöstern meist streng voneinander getrennt). Sie traute sich als Frau, öffentlich Reden und Predigten zu halten. Einen verbannten Adligen begrub sie aus menschlicher Anteilnahme auf ihrem Klostergelände, auch wenn sie und die anderen Nonnen dafür von der Kirchenleitung bestraft wurden (mit Musizierverbot im Gottesdienst).

Kloster Rupertsberg bei Bingen am Rhein, um 1625

Regelmäßigen Musikunterricht hatte HILDEGARD nach eigener Aussage nie. Trotzdem war sie musikalisch ungewöhnlich schöpferisch: 77 Lieder von ihr sind bekannt. Zu ihrer Zeit steckte die Notation von Rhythmen noch in den Anfängen. Daher zeigt das Choralbeispiel auf Seite 7 nur den Melodieverlauf. Solche Lieder wurden bei den fast stündlichen Gottesdiensten in der großen Basilika von den Nonnen gesungen. Und noch heute singen die Benediktinerinnen dort, wo HILDEGARD VON BINGEN das zweite Kloster gründete, ihre Lieder.

A **1.** ***Was wollte der mittelalterliche Buchmaler mit seiner Darstellung ›Hildegard und Volmar‹ (s. Randspalte) wohl ausdrücken?***

›Die Chöre der Engel‹

(Die Engel sind im äußeren Kreis zu entdecken; aus: ›Scivias – Wisse die Wege‹, ursprünglich Rupertsberger Kodex.)

Von der Kirche in die Disco

›O Euchari‹

Hildegard von Bingen

Übertragung

**Oh Eucharius,
auf dem frohen Weg
gingest du,**

**da du bei dem
Sohn Gottes ausharrtest,**

**ihn berührtest und
dessen Wunder,**

welche er tat, sahst.

*) An diesen Stellen wurde die Übertragung der Noten dem Hörbeispiel angepasst.

HILDEGARD widmete das Loblied *O Euchari* dem ersten Bischof von Trier EUCHARIUS. **HB 1** Sie beschreibt ihn als einen vorbildlich heiligen Mann. Von dem Lied gibt es in neuerer Zeit Pop-Bearbeitungen, die sich in den Charts hielten.

Eher ›esoterisch‹ orientiert interpretierte die amerikanische Gruppe VISION von RICHARD SOUTHER das Lied – mit Percussion und Halleffekten. **HB 2** Eine der ›härtesten‹ Versionen ist die Techno–Fassung von COOLANII. **HB 3**

Das Faksimile des Liedanfangs in Neumenschrift, aus einer kostbaren Sammlung.

An HILDEGARDS Musik wird besonders der große Tonumfang ihrer Gesänge und die Fülle von Melismen (mehrere Töne pro Textsilbe) hervorgehoben.

2. ***Hört euch die erste Strophe des Liedes an. An welchen Stellen könnt ihr im Beispiel weite Sprünge in der Melodie erkennen?***

3. ***Vergleicht das Original mit den Versionen von Coolanii und Vision. Achtet auf Textverständlichkeit, Klangfarbe der Singstimmen, rhythmische Gestaltung, Verwendung der Instrumente, Raumwirkung. Beschreibt euren Gesamteindruck.***

4. ***Was haltet ihr davon, ein religiöses Lied in einer Techno-Version zu bearbeiten? Begründet, welche Fassung ihr am besten findet.***

Hildegard schrieb auch das Singspiel ›Ordo virtutum‹ (Spiel der Kräfte). Es gilt als erstes von einer Frau komponiertes Bühnenstück. Darin geht es um den Kampf zwischen himmlischen und bösen Mächten um die Seele (anima) – ein Thema, das die Menschen der damaligen Zeit besonders bewegte.

Von Barock bis Klassik

Auf dem Gemälde von Bernardo Strozzi (um 1640) ist – mit einiger Wahrscheinlichkeit – Barbara Strozzi dargestellt.
Dieser gebürtigen Venezianerin wurde – wie vielen Sängerinnen ihrer Zeit – nachgesagt, nicht gerade ›tugendhaft‹ zu leben.
Sie heiratete nie, hatte aber wohl vier Kinder.
In Venedig lebten zur Zeit des Frühbarock ›ehrenwerte Kurtisanen‹.
Als gut ausgebildete Musikerinnen wurden sie zu Unterhalterinnen und Geliebten adliger Männer – auch um ihren gehobenen Lebensstandard bestreiten zu können. Es ist allerdings nicht sicher, ob auch Barbara Strozzi zum Kreis dieser Kurtisanen gehörte.

Barbara Strozzi: ›Amor, Amor‹

(1619 Venedig – 1677 Padua)

Vor mehr als 300 Jahren hätten angesehene Bürger der Stadt Venedig folgenden Brief erhalten können:

Einladung

Egregio Signore,

hiermit erlaube ich mir, die werten Herren zu unserer nächsten Akademie ›Unisoni‹ für den kommenden Samstag einzuladen. Wieder bitte ich ab 5 Uhr in der Villa Strozzi meines Vaters um geistvolle Gedanken, sprühenden Witz und scharfe Zunge bei unserem Wettkampf – diesmal zum Thema:

Welche Waffen der Liebe haben eine größere Wirkung: die der Tränen oder die der Musik?

Den Sieger erwartet wie gewohnt ein schöner Preis. Anschließend werde ich zu erfrischenden Getränken und Speisen einige meiner neuesten Lieder darbieten.

Distinti Saluti! *Barbara Strozzi*

Tatsächlich veranstaltete BARBARA STROZZI bereits als Jugendliche solche Akademien, also Treffen gebildeter Bürger, in ihrem Haus. Sie war die einzige Frau in dieser Herrengesellschaft.

Vieles aus ihrem Leben ist bis heute im Dunkeln geblieben. Schriftlich überliefert ist jedoch, wie sie die oben gestellte Preisfrage beantwortete: ›die Waffen der Musik‹. Bereits als Sechzehnjährige faszinierte sie bei Hauskonzerten die Gäste (Philosophen, Literaten, Großbürger) mit ihrem Vortrag eigener Stücke. Ihr Adoptivvater – der Dichter und Jurist GIULIO STROZZI – war wohl auch ihr leiblicher Vater. Er förderte so die Tochter seiner Haushälterin. BARBARA studierte Komposition bei einem Schüler von CLAUDIO MONTEVERDI, einem der ersten Opernkomponisten. Dieser vertonte auch Dichtungen von GIULIO STROZZI.

BARBARA STROZZI stammte weder aus einer Musikerfamilie (wie z. B. FRANCESCA CACCINI aus Florenz), noch wurde sie im Kloster erzogen. Weil ihr Vater nach seinem Tod Schulden hinterließ, musste sie den Lebensunterhalt selbst verdienen, ob als Musikerin, ist bis heute nicht bekannt.

Häufig wurde nur für den privaten Gebrauch geschrieben. Doch STROZZI veröffentlichte zahlreiche Bände mit Vokalmusik (Musik für Singstimme), vor allem Arien. Diese Werke widmete sie bekannten Adligen, ohne dass es ihr jedoch dadurch gelang, eine feste Anstellung an einem Fürstenhof zu erhalten. Nach ihrer letzten Veröffentlichung 1664 verliert sich ihre Spur. Erst kürzlich wurde ein Dokument mit ihrem genauen Todestag in einem Archiv in Padua gefunden: 11.11.1677.

A 1. ***Wie beantwortet ihr Strozzis Preisfrage?***

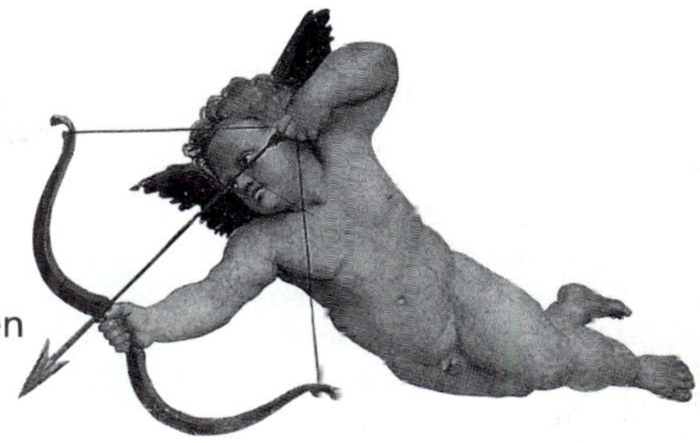

Amor dormiglione

Amor, non dormir più!
Su, su svegliati omai,
che mentre dormi tu
dormon le gioie mie,
vegliano i guai,
non esser, Amor, dappoco!
Strali, strali, foco, foco
strali, strali, su, su,
foco, foco, su, su!
Non dormir più Amor!
svegliati su!

Oh pigro, oh tardo,
tu non hai senso.
Amor melenso,
Amor codardo!
Ah', quale io resto,
che nel mio ardore,
tu dorma Amore:
mancava questo!
Ah', quale io resto!

Langschläfer Amor

Amor, schlaf nicht mehr!
Auf, auf, wach endlich auf!
Da während du schläfst,
meine Vergnügungen schlafen
und ich im Unglück wache.
Amor sei nicht blöd!
Pfeile, Pfeile, Feuer, Feuer.
Pfeile, Pfeile auf, auf,
Feuer, Feuer auf, auf!
Schlaf nicht mehr, Amor!
Wach endlich auf!

O Fauler, o Träger,
hast du kein Gefühl?
Alberner Amor,
feiger Amor!
Oh weh, was bleibt mir übrig,
da du trotz meiner Leidenschaft
schläfst, Amor:
Das hat mir noch gefehlt!
Oh weh, was bleibt mir übrig.

In den meisten weltlichen Liedern zur Zeit von Barbara Strozzi geht es um das ›Thema Nr. 1‹. Hier ist es der Langschläfer Amor, als Sinnbild für die Sehnsucht nach Liebe und eine Aufforderung an ihn, endlich wieder ein geeignetes Opfer mit seinen Liebespfeilen zu treffen.

A ***2.*** ***Der Gesangsstil ist für euch wahrscheinlich ungewohnt. HB 4 Er ist typisch für die ersten Opern, die zu Strozzis Zeit entstanden.***
Hört euch die ganze Dacapo-Arie (Form A – B – A verkürzt) an. Bis zu welchem Textabschnitt wird wiederholt?

3 ***Der Reiz der Melodie wird nur mit dem Text verständlich, denn sie nimmt die Stimmung der Wörter ›wörtlich‹.***
Singt und hört die folgenden Beispiele.
Bezieht Melodie und Text aufeinander (Bewegungsrichtung der Melodie, Rhythmus, Ausdruck).

Faksimile des Notenbeispiels ›Amor, Amor‹ in einem zeitgenössischen Druck.

Im Faksimile der Solo-Arie in A-Dur (links) ist oben die Singstimme (im C-Schlüssel) notiert. Darunter der Bass, aus dem die Musiker einen mehrstimmigen Satz improvisieren konnten.

Beispiel 1

Beispiel 2

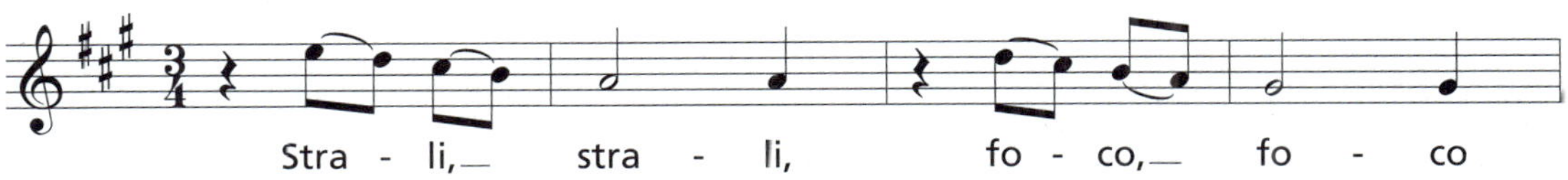

Beispiel 3

Aus der Zeitschrift ›Mercure galant‹, 1677:

Seit vier Jahren tritt dieses Wundergeschöpf hier auf. Sie singt die schwierigsten Musikstücke vom Blatt. Sie begleitet sie auf dem Cembalo – sie spielt in nicht nachzuahmender Manier – und begleitet auch andere, die singen. Sie komponiert Stücke und sie spielt sie in allen Tonarten, die man ihr vorschlägt. Ich erzählte Ihnen, Madame, dass sie vor vier Jahren mit solch außergewöhnlichen Fähigkeiten auftrat, und dabei ist sie erst zehn Jahre alt.

Elisabeth Jacquet de la Guerre: ›Wunderkind‹

(1665 Paris – 1729 Paris)

Willkommener Gesprächsstoff am Hof LUDWIGS XIV. Es geht im Versailler Schloss wieder einmal um ein musikalisches Wunderkind – ein junges Mädchen mit Namen ELISABETH JACQUET. Im *Mercure galant*, der Klatschzeitschrift des Adels, werden ihre Fähigkeiten gerühmt (s. Randspalte).

Das Kind kam aus einer Musikerfamilie, in der auch die Mädchen eine Musikausbildung erhielten. Bereits 1669 hatte ihre Mutter das Kind dem König vorgestellt. Dieser war so begeistert von ELISABETHS Cembalokünsten, dass er sie zusammen mit den acht unehelichen Kindern seiner Mätresse aufziehen ließ. Deshalb konnte ELISABETH eine herausragende Berufsmusikerin werden. Sie heiratete später den Organisten DE LA GUERRE und trat unter dem Namen ELISABETH JACQUET DE LA GUERRE als Cembalistin auf. Ihr Mann starb lange vor ihr und ihr einziger Sohn, der sich ebenfalls zum ›Wunderkind‹ entwickeln sollte, starb bereits mit zehn Jahren.

***1.** Welche musikalischen Fähigkeiten besaß Elisabeth bereits als Kind?*
***2.** Was versteht ihr unter einem ›Wunderkind‹ (z. B. im Sport)?*

Rückseite des Medaillons, das nach dem Tod von Elisabeth Jacquet zu ihrem Gedenken geprägt wurde (oben die Vorderseite).

JACQUET DE LA GUERRE begann neben ihrer Konzerttätigkeit zu komponieren, schrieb eine Vielzahl von Kantaten und gehörte zu den ersten Komponistinnen, die Cembalosonaten veröffentlichten. Als erste Frau konnte sie sogar eine Oper in der königlichen Akademie aufführen lassen. Ihre Opern sind jedoch (mit Ausnahme von *Céphale et Procris*) verschollen. Im Unterschied zu BARBARA STROZZI wurde SIE als Komponistin und Lehrerin für Cembalo sehr wohlhabend. Allerdings blieb sie – wie alle höfischen Komponistinnen und Komponisten im Barock – abhängig von der Gunst ihrer adligen Auftraggeber. 1707 schrieb sie zu einer Sammlung von Cembalo–Sonaten folgende Widmung an den König:

Sie haben sich am Wachstum meines Talentes, das ich Ihnen widmete, erfreut und mich damals mit Ihrem Lob beehrt, dessen Wert ich seinerzeit noch nicht in vollem Ausmaße zu schätzen wusste. Meine schwachen Talente haben sich in der darauf folgenden Zeit entwickelt: Ich habe mich bemüht, Sire, dieser Anerkennung, die mir seit jeher alles bedeutete, würdig zu sein und ich zähle jene Tage, an denen ich Ihrer Majestät einige neue Zeichen meines respektvollen Eifers und meiner absoluten Ergebenheit geben kann, zu den einzigen schönen Tagen meines Lebens.

***3.** Wie versucht die Komponistin im typischen Stil ihrer Zeit das Wohlwollen des Königs zu erhalten?*

Cembalo–Sonaten

Französische Cembalo–Sonaten waren üblicherweise Folgen von Tanzsätzen (Suiten), denen ein einstimmendes Präludium vorangestellt wurde. Dass Tänze, die gerade ›in‹ sind, von Komponisten in ihren Werken aufgegriffen werden, ist bis heute eine beliebtes Stilmittel geblieben – beispielsweise in Musicals. Der vorletzte Satz der *Suite in d-Moll* aus JACQUET DE LA GUERRES Sonatensammlung von 1707 besteht aus einem I. und II. ›Rigaudon‹ (einem damals populären Tanz, vermutlich aus der Provence).

***4.** Betrachtet die Notenbeispiele zu ›Rigaudon‹ I und II. Hört dabei die beiden Sätze, die – wie im Hörbeispiel – auch mit einer Violine gespielt werden konnten. HB 5 Wie oft kehren die ersten acht Takte jeweils wieder?*
***5.** Vergleicht in beiden Stücken Tonart, Taktart sowie die Bewegung in Oberstimme und Bass. Welche Wirkung entsteht durch die typischen Verzierungen der Oberstimme.*
***6.** Beide Anfänge kann man als ›Endlosschleife‹ spielen. Musiziert Ober- und Unterstimme mit euren Instrumenten.*

Rigaudon 1 (Anfang)

Elisabeth Jacquet de la Guerre

Rigaudon 2 (Anfang)

Aus der Verzierungstabelle:

Die Schwestern Wilhelmine (l.) und Anna Amalia (r.)

Wilhelmine:

Ein Lehrer folgte dem andern; sie nahmen mich den ganzen Tag in Anspruch und ließen mir nur sehr wenig Zeit zur Erholung übrig.

Zwei königliche Schwestern am preußischen Hof

Wilhelmine von Bayreuth: ›Lehrer!‹

(1709 Potsdam – 1758 Bayreuth)

WILHELMINE berichtet in ihren Memoiren (s. Randspalte) nicht aus der Schule, denn als Königstochter erhielt sie täglich Privatunterricht. Ihr Vater FRIEDRICH WILHELM I., der ›Soldatenkönig‹, legte vor allem Wert auf Geographie, Englisch, Geschichte usw. Musik sah er als verweichlichend an. Aber gerade deshalb konnte WILHELMINE – ebenso wie ihre Schwester ANNA AMALIA – Gesang, Cembalo und Laute lernen: Komposition allerdings nicht. Dies blieb ihrem Flöte spielenden Lieblingsbruder FRIEDRICH II. (›dem Großen‹, späterer König von Preußen) vorbehalten. Jedenfalls so lange, bis er nur noch die für einen Thronfolger ›sinnvollen‹ Dinge lernen sollte.

WILHELMINE beugte sich mit 22 Jahren dem Druck ihres Vaters, der für sie einen anderen politisch geeigneten Bräutigam als die Mutter ausgeschaut hatte. Die Mutter nahm die ›Niederlage‹ persönlich und schrieb ihrer Tochter:

Ich erkenne Sie nicht länger als meine Tochter an (...) und werde Ihnen niemals verzeihen.

Das Markgräfliche Opernhaus in Bayreuth nach Entwürfen von Wilhelmine

Nach ihrer Hochzeit langweilte sich WILHELMINE im neuen Domizil Bayreuth. Doch sie begann bald Konzerte mit berühmten Musikern zu veranstalten, darunter der berühmte Hof-Flötist JOHANN JOACHIM QUANTZ aus Berlin, der Lehrer von FRIEDRICH. Sie übte jetzt auch Geige, nahm Kompositionsunterricht, beschäftigte sich mit Kunst und Politik und entwarf sogar die Baupläne für die neue Hofoper in Bayreuth.

Ein Leben wie in der Oper: ›Argenore‹

Zum Geburtstag ihres Mannes, mit dem sie eine Tochter hatte, wurde 1740 ihre eigene italienische Oper *Argenore* gespielt – kurz nachdem sie ein Verhältnis ihres Mannes mit ihrer besten Freundin aufgedeckt hatte. Das tragische Stück (mit Morden und Selbstmorden) handelt vom Schicksal der *Palmida*, der Tochter des tyrannischen Königs *Argenore*. Diese bringt sich schließlich um, weil sie aus politischen Gründen einen anderen als ihren Geliebten heiraten soll. Damit spiegelt das Werk auch das Leben der Komponistin, von der nur wenig an Musik erhalten ist.

Anna Amalia von Preußen: ›Bach-Fan‹

(1723 Berlin – 1787 Berlin)

Auch das Leben dieser Prinzessin erinnert an eine Opernhandlung. Ihr heimlicher Geliebter – ein nicht standesgemäßer Leutnant – wurde zehn Jahre in einen Kerker gesperrt, weil man um ANNA AMALIAS ›adligen Ruf‹ fürchtete. Sie heiratete nach dieser Erfahrung später nie und machte die Musik zu ihrem Lebensinhalt. Die Prinzessin war eine gute Cembalistin und veranstaltete musikalische Soireen (häusliche Abendkonzerte).

ANNA AMALIA lernte erst mit 30 Jahren komponieren. Viele ihrer Stücke (Arien, Choräle, Kammermusik) hat sie selbst vernichtet. Sie sammelte vor allem Werke von J. S. BACH, den sie sehr verehrte. Ihre *Berliner Sammlung* mit seinen Handschriften ist heute weltberühmt.

Marsch für das Regiment General von Saldern

Anna Amalia von Preußen

A

1. Musiziert den A-Teil (T. 1–8) aus dem ›Marsch‹ mit euren Instrumenten. Ihr könnt auch Schlaginstrumente dazu nehmen.
2. Hört den ›Marsch‹ (in B-Dur) in einer Fassung für 2 Oboen, Trompete und Fagott. HB 6 In welchen Takten spielt die Trompete im A-Teil mit?
3. Inwiefern entspricht das Stück eurer Vorstellung von einem Marsch?

[1] Die Akkordsymbole in Klammer können für eine differenziertere Harmonisierung verwendet werden.

Der reisende Musikschriftsteller Charles Burney 1772:

Sie übertraf wirklich noch die Erwartungen, die man mir von ihr beigebracht hatte. Sie sang zwei Arien von ihrer eigenen Komposition über Worte von Metastasio, wozu sie sich selbst auf dem Flügel akkompagnierte, und zwar auf eine wohlverstandene meisterhafte Manier (...). Diese Arien waren im modernen Stile sehr schön gesetzt.

Marianne Martinez: ›Haydn-Schülerin‹

(1744 Wien – 1812 Wien)

Ein besonderer Nachbar und Freund der Familie förderte MARIANNES musikalische Entwicklung: der berühmte Librettist PIETRO METASTASIO. Durch seine Unterstützung konnte die Tochter eines päpstlichen Gesandten (Diplomaten) zeitweise bei JOSEPH HAYDN Musiktheorie lernen, der eine kleine Dachkammer im selben Haus wie sie bewohnte.

Mit 29 Jahren wurde MARIANNE MARTINEZ als erste Frau in die *Accademia Filarmonica* in Bologna aufgenommen – eine Vereinigung der besten Musiker Europas. Im Diplom wurden ›die Zierlichkeit, das Genie, der Adel des Ausdrucks, die erstaunliche Präzision‹ ihrer Komposition gelobt. MOZART spielte häufig mit ihr ›Klavier zu vier Händen‹.

Als METASTASIO ihr nach seinem Tod 1782 sein gesamtes Vermögen hinterließ, kamen Gerüchte auf, er habe sie in jungen Jahren zu seiner Geliebten gemacht. Sie heiratete jedenfalls nicht und gründete mit dem Erbe um 1790 eine Singschule für Mädchen, aus der bekannte Sängerinnen hervorgingen.

MARIANNE MARTINEZ schrieb über 150 Arien und Kantaten, Oratorien und Messen, aber auch Werke für Klavier und eine Orchesterouvertüre. Sie starb 1812 in Wien an Tuberkulose.

Interessant ist im Vergleich zu ihr, wie andere Mädchen in dieser Zeit erzogen und unterrichtet wurden. Das *System der weiblichen Erziehung für den mittleren und höheren Stand* von JOHANN DIETRICH HENSEL gibt einen Einblick:

Von Künstlern lernen sie meistens Musik. (...) Damit das Kind Lust bekommen soll und weil auch die unmusikalische Gouvernante mehr Geschmack darin findet, muss der Klaviermeister lauter Menuetts und Anglösen [Tanzart] geben. Etwas Putz machen [Modeunterricht] kommt noch dazu und wenn das 14. Jahr herannaht, geht das Töchterchen zu einem Prediger, lässt sich etwas Religion vorsagen, lernt ein paar Sprüche auswendig, um sie wieder zu vergessen. (...) Nun ist sie fertig. Nun ist's freilich kein Wunder, wenn Männer von Verstande ungern in weiblicher Gesellschaft sind, ja wenn ihnen diese Frauenzimmer abgeschmackt vorkommen. Natürlich muss daher der jetzt in der That häufig ehelose! Stand entstehen und da doch die Geschlechtsbedürfnisse nicht zugleich aufhören, Buhlerey [Liebesverhältnisse] überhand nehmen. Und was ist die Ursache von allen diesen Uebeln? Nichts so sehr als die unverantwortliche Verwahrlosung des weiblichen Geschlechts in der Erziehung.
(Johann Dietrich Hensel, Halle 1787)

A

1. Was lernten Mädchen damals also nicht? Was haltet ihr von Hensels Ansichten?

2. Hört euch die Exposition aus dem 1. Satz der Sinfonie in C (entstanden 1770) von Marianne Martinez an. HB 7
In der ersten Themengruppe spielen alle Instrumente unisono (im Einklang) das charakteristische Dreiklangsmotiv. Benennt die Dreiklänge in T. 1 und 2 und setzt sie in Bezug zur Grundtonart.

3. Vergleicht den Abschnitt mit dem Ausschnitt aus der zweiten Themengruppe hinsichtlich der damals üblichen Kontrastwirkung (Tonart, Charakter, Satzart).

Anmerkung zu HB 7:
Die Orchestereinspielung unterscheidet sich in der 2. Themengruppe an einigen Stellen leicht vom Notentext. Vermutlich liegt hier eine andere Abschrift vor.

Sinfonie in C (1. Satz: Exposition)

Marianne Martinez

aus der 1. Themengruppe (Anfang)

aus der 2. Themengruppe

Romantik – *Un*romantik

Salonmusik:
In den Salons gutbürgerlicher Häuser unterhielten sich die geladenen Gäste in angenehmer Atmosphäre über Literatur und Politik. Dabei wurde auch musiziert. So entstanden Stücke eigens für diese Veranstaltungen. Sie mussten einfach sein und gefällig klingen, sodass sie beim Teetrinken und während der Unterhaltung nicht weiter störten. Häufig entstanden hierfür Variationen über beliebte Melodien aus bekannten Opern.

›Familienkonzert‹ nach einer Radierung von T. Heath, 1843

Karl Biedermann im ›Frauenbrevier‹, 1856:

Halten Sie bei der Erziehung Ihrer Töchter (…) immer und überall die Ausbildung für den *eigentlichen Beruf des Weibes* als Erstes und Wichtigstes im Auge und ermuntern sie die Erlernung und Ausübung künstlerischer und wissenschaftlicher Fertigkeiten nur so weit, als dieselbe der Erreichung jenes Berufs entweder förderlich oder wenigstens nicht hinderlich zu sein verspricht.

Johanna Kinkel über die Kompositions-Ausbildung für Mädchen, 1852:

Großen Talenten wird (…) die vollständige Theorie ein unerlässliches Bedürfnis werden. Aber der Lehrer darf nicht außer Acht lassen, welchen Schnitt in alles Lernen der Frauen die Heirat macht.

Höhere Töchter im Salon

Romantik steht häufig für ›schöne Gefühle‹. Musikalisch begabte Mädchen, die in dieser Epoche (im 19. Jahrhundert) aufwuchsen, machten allerdings ganz *un*-romantische Erfahrungen, wenn sie mehr als reine Hobbymusikerinnen werden wollten, denn eine professionelle Ausbildung von Töchtern entsprach nicht den gesellschaftlichen Normen.

Viele Mädchen des 19. Jahrhunderts lernten etwas Klavierspielen und traten in den Salons auf, die auch Laufsteg für die Brautschau waren. Obwohl für den raschen Verbrauch gedacht, wurde eines der Salonstücke weltberühmt: Das *Gebet einer Jungfrau*, das die Polin TEKLA BADARZEWSKA-BARANOWSKA 1856 mit 22 Jahren veröffentlicht hatte. Es verbreitete sich bald in mehreren Fassungen für Anfänger und Fortgeschrittene. Das Stück gilt heute als Inbegriff trivialer Salonmusik – ein zweifelhafter Ruhm für komponierende Frauen dieser Epoche. **HB 8**

A

1. ***Äußert euch zu HB 8.***
2. ***Was hält Karl Biedermann für den ›eigentlichen Beruf des Weibes‹?***
3. ***Worin sah man also die ›Gefahr‹ für Mädchen, die sich ernsthaft mit Musik und Komposition befassen wollten? Vergleicht dazu den Text von Biedermann mit dem Zitat und dem Schicksal Johanna Kinkels.***

Ausbruchsversuch

JOHANNA KINKEL, geb. MOCKEL (1810–1858) aus Bonn wollte sich nicht mit der schlechten musikalischen Ausbildung der Mädchen abfinden. Dazu trugen gewiss ihre Lebensumstände bei. Nach der Scheidung ihrer ersten Ehe versuchte sie als 22-Jährige eine Existenz als Musiklehrerin aufzubauen. Hierfür musste sie eine professionelle Ausbildung nachholen, die sie als ›höhere Tochter‹ nicht erhalten hatte.

Mit ihrem zweiten Mann – er hatte an einem Aufstand teilgenommen und wurde inhaftiert – ging sie nach seiner Befreiung nach London ins Exil und musste die fünfköpfige Familie mit Gesangs- und Klavierunterricht durchbringen. Bei einem Fenstersturz kam sie zu Tode (Selbstmord?).

Obwohl JOHANNA KINKEL nur unregelmäßig komponieren konnte, schrieb sie Lieder, Kantaten und Chorwerke. Einige davon konnte sie noch in Bonn mit einem von ihr geleiteten Musikverein und bei Hauskonzerten aufführen. In ihren schriftstellerischen Arbeiten setzte sie sich u.a. für eine bessere Mädchenausbildung ein (siehe das Zitat aus ihrer ›Musiktheorie für Mädchen‹, 1852). Nur wenigen Frauen gelang es damals – trotz aller gesellschaftlichen Hindernisse – ihr Talent zum Komponieren unter Beweis zu stellen.

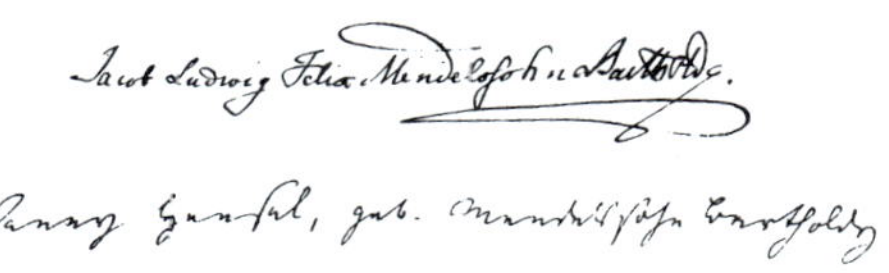

Fanny Hensel, geb. Mendelssohn: ›Der kleine Unterschied‹

(1805 Hamburg – 1847 Berlin)

Das Verhältnis zwischen den Geschwistern FANNY und FELIX war so eng, dass auch die Kompositionen immer gegenseitig korrigiert wurden. In den zahlreichen Briefen, die sie sich ihr Leben lang schrieben, bezeichnete FELIX, der seine Schwester nur um ein halbes Jahr überlebte, sie als ›geliebteste Vergnügen- und Rathgeberin‹. Später bat er sie wegen eines Oratoriums um musikalischen Rat.

Die französische Pianistin FRANÇOISE TILLARD verglich FANNY in ihrem Buch *Die verkannte Schwester* mit deren Bruder FELIX: Beide erhielten zunächst Privatlehrer und wurden in Fremdsprachen und Komposition unterrichtet. Sie schrieben auch erste gemeinsame Kompositionen. Während FANNY zu Hause blieb, durfte FELIX allerdings schon als Junge alleine verreisen und ging später zu Universitätsvorlesungen. Er hatte die Möglichkeit, mit Orchestern zu arbeiten und konnte ausprobieren, wie seine Sinfonien klingen.

A

***4.** Notiert mithilfe von Lexika oder Büchern einen ähnlichen Kurzlebenslauf zu Felix. Vergleicht die Informationen zu beiden Geschwistern. Findet ihr auch Informationen zu Fanny?*

***5.** Felix war bis kurz vor Fannys Tod dagegen, dass sie ihre Werke veröffentlichte. Erklärt dies, nachdem ihr den Brief ihres Vaters gelesen habt.*

Ein Lebenslauf

Als sie **4** ist, wird ihr Bruder FELIX geboren. Sie ziehen nach Berlin; es folgen noch zwei Geschwister.

Als sie **10** ist, werden die Kinder der zuvor jüdischen Familie getauft.

Mit **15** erhält sie wie ihr Bruder FELIX Kompositionsunterricht bei FRIEDRICH ZELTER, der in der ›Singakademie‹ JOHANN SEBASTIAN BACHS Musik vermittelt.

Als sie **17** ist, begründet ihr Vater die ›Sonntagsmusiken‹ im Gartenhaus der Familie mit Gästen wie dem Dichter HEINRICH HEINE. FANNY übernimmt die Leitung dieser Privatkonzerte.

Mit **23** darf sie den Maler WILHELM HENSEL heiraten, nachdem er eine ›feste Stelle‹ als preußischer Hofmaler erhalten hat.

Mit **24** gebiert sie ihren einzigen überlebenden Sohn SEBASTIAN LUDWIG (nach ihren Vorbildern JOHANN SEBASTIAN BACH und LUDWIG VAN BEETHOVEN genannt).

Mit **32** tritt sie ein einziges Mal öffentlich als Pianistin auf, ein Jahr später unternimmt sie mit Mann und Sohn ihre einzige größere Auslandsreise: Sie verbringen ein Jahr in Italien.

Als sie **41** ist, erleidet sie während der Proben für ein Werk ihres Bruders einen Gehirnschlag und stirbt kurz darauf.

FANNY HENSEL hat über 400 Musikstücke geschrieben: Lieder, ein Oratorium (für Chor und Orchester), eine Orchester-Ouvertüre sowie Klavier- und Kammermusik.

Fanny gezeichnet von ihrem Mann Wilhelm Hensel

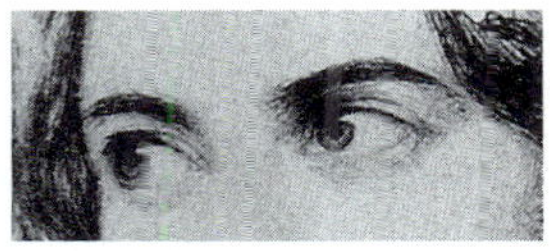

Fanny in einem Brief vom 22.3.1829 an Carl Klingemann, den Freund der Familie:

Dass man übrigens seine elende Weibsnatur jeden Tag, auf jeden Schritt seines Lebens von den Herren der Schöpfung vorgerückt bekommt, ist ein Punkt, der einen in Wut und somit um die Weiblichkeit bringen könnte, wenn nicht dadurch das Übel ärger würde.

Vater Abraham Mendelssohn an Fanny, Paris, 16. Juli 1820:

Die Musik wird für ihn [Felix] vielleicht Beruf, während sie für dich stets nur Zierde, niemals Grundbass deines Seins und Tuns werden kann und soll; ihm ist daher Ehrgeiz, Begierde, sich geltend machen in einer Angelegenheit, die ihm sehr wichtig vorkommt, weil er sich dazu berufen fühlt, eher nachzusehen, während es dich nicht weniger ehrt, dass du von jeher dich in diesen Fällen gutmütig und vernünftig bezeugst und durch deine Freude an dem Beifall, den er sich erworben, bewiesen hast, dass du ihn dir an seiner Stelle auch würdest verdienen können. Beharre in dieser Gesinnung und in diesem Betragen, sie sind weiblich und nur das Weibliche ziert die Frauen.

›Das Jahr‹ für Klavier – nach dem Italienjahr

Fanny in Rom, 2.Mai 1840:

Himmlische Luft, Glockengeläut, Sonntagsgefühl. Ich kann es nicht sagen wie unbeschreiblich glücklich ich mich hier fühle, ich bin lange schon in einer fast fortwährend erhöhten Stimmung und habe das reinste Gefühl von Lebensgenuss im höchsten Sinne. Die einzige Bitterkeit dabei ist die Notwendigkeit, dies Paradies so bald zu verlassen (…). Ach, wer hier leben könnte und dürfte!

Brief Fannys an die Schwester Rebecca am 9. Januar 1840 aus Rom

Im Jahr, nachdem sie mit ihrer Familie von der Italienreise (Herbst 1839 bis Sommer 1840) zurückgekommen war, komponierte FANNY eine Folge von kürzeren Klavierstücken: *Das Jahr* – zwölf Sätze für die Monate und eine abschließende Choralbearbeitung (*Das alte Jahr vergangen ist*).

Solche Darstellungen der Monate kann man als ›Charakterstücke‹ bezeichnen, d. h. zumeist kürzere Klavierstücke, die eine bestimmte Stimmung darstellen. Auch ihr Bruder schrieb mehrere solcher ›Lieder ohne Worte‹. Es ist umstritten, ob sich FANNY HENSELS Stücke unmittelbar auf ihre Italienreise beziehen. Sicher ist aber, dass sich dieser schönste Abschnitt in ihrem Leben zumindest indirekt in ihrem Werk niedergeschlagen hat.

Beispiel 1 (T. 71–74)

Beispiel 2 (T. 85–88, mit Auftakt)

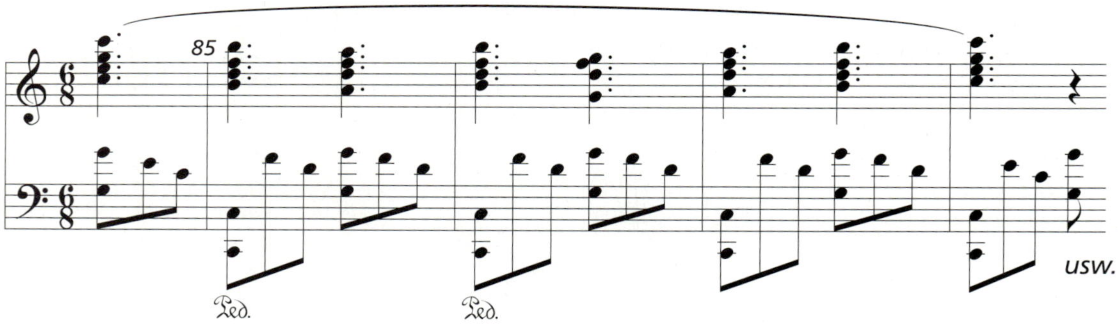

Beispiel 3 (T. 103–109)

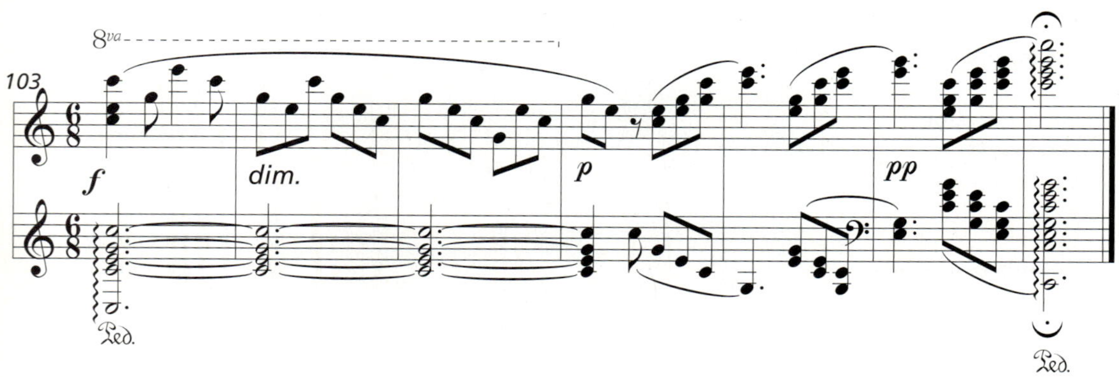

***1.* Eines der Stücke entstand in dem Monat, den es auch darstellt. Ihr werdet den Monat sicher erkennen, weil die Komponistin einen bekannten Choral darin verarbeitet hat (Beispiel 1). HB 9 Verfolgt die Melodie in der Oberstimme.**

***2.* Vergleicht die Bearbeitung des Chorals in den Abschnitten T. 71–74 und T. 85–88 (Beispiele 1 und 2). HB 9 und 10 Achtet auf Melodie, Begleitung und Rhythmus.**

***3.* Fanny Hensel hatte ursprünglich einen ›bombastischen‹ Schluss vorgesehen. Hört euch den letzten Teil des Stückes an und erklärt, wie der Abschluss nach dem Choral gestaltet ist. Welche Töne verwendet sie in Beispiel 3? HB 11**

***4.* Hört das vollständige Stück. HB 12**

Chorlieder bei den Gartenmusiken

Im Gartenhaus der Mendelssohns organisierte und dirigierte Fanny Hensel zahlreiche ›Gartenmusiken‹

Im Herbste

Seid gegrüßt mit Frühlingswonne,
blauer Himmel, goldne Sonne,
drüben auch aus Gartenhallen
hör ich frohe Saiten schallen.
Ahnest du, o Seele, wieder
sanfte, süße Frühlingslieder?
Sieh umher, die falben[1] Bäume,
ach, es waren holde Träume.

Ludwig Uhland

[1] gelblichen

FANNY vertonte das Gedicht von LUDWIG UHLAND in einem ihrer *Gartenlieder*, die im Gartenhaus aufgeführt wurden. Das Werk für vierstimmigen gemischten Chor (s. Seite 20) entstand ein Jahr vor FANNYs Tod.

5. ***Hört das Stück vollständig an. Wo wird die Atmosphäre in Text und Musik geändert? HB 13***
6. ***Vergleicht den Melodieverlauf sowie die Verteilung der Chorstimmen in den Takten 1–4 und 19–22 (mit Auftakt). Bezieht eure Ergebnisse auf die Aussage des Gedichts.***

Die Pianistin und Komponistin JOHANNA KINKEL schrieb am 15. November 1836 im *Berliner Tageblatt*:

Die Proben zu den Aufführungen, welche Fanny Hensel am Klavier dirigierte, fanden gewöhnlich am Samstag Abend statt, und da nur sehr geübte Sänger mitwirkten, bedurfte es kaum ein- oder zweimaligen Durchsingens und einer kurzen Abrede. Am darauf folgenden Sonntag, zwischen 11 und 2 Uhr, war die Aufführung vor großer Gesellschaft in dem sehr geräumigen Gartensaal. In der warmen Jahreszeit standen die Glastüren offen und während der Pausen wandelten Sänger und Gäste unter den mächtigen Baumgruppen des sich bis nahe an die Stadtmauer streckenden Gartens. (...)

Fast alle berühmten Künstler, die Berlin besuchten, erschienen sonntags einmal mitwirkend oder zuhörend bei Frau Hensel. Auch die Elite der Berliner Gesellschaft suchte dort Zutritt und die großen Räume des Hauses waren meist überfüllt.

Wenn man Fanny Hensel ansah, während sie ein Meisterwerk spielte oder dirigierte, schien sie größer zu werden. Die Stirn leuchtete, die Züge veredelten sich und man glaubte die schönsten Formen zu sehen. Nüchtern betrachtet war nichts regelmäßig schön an ihr als das schwarze Auge und die Stirn; doch der Ausdruck überwog alles.

Im Herbste, op. 3

Musik: Fanny Hensel
Text: Ludwig Uhland

Clara Schumann:
(1819 Leipzig – 1896 Frankfurt/ M.)

›Zwischen Kinderzimmer und Konzertsaal‹

Vater WIECK über die Erziehung seiner Tochter:

Meine Tochter hatte stets einen besonderen Hauslehrer, mit dem ich vereint unterrichtete, damit auch bei wenigen Stunden des Tages ihre wissenschaftliche Bildung gleichen Schritt halte mit der künstlerischen und auch noch Zeit übrig bleibe, in der freien Natur sich zu ergehen und ihren Körper zu kräftigen, während andere Kinder auf den Bänken in Schulen und Instituten neun Stunden des Tages schwitzen müssen – und dies mit dem Verlust ihrer Gesundheit und ihrer frohen Jugend bezahlen.

A

1. ***Ein Begriff in der Wortkette der Randspalte erscheint zweimal: warum wohl?***
2. ***Erklärt anhand des Lebenslaufs und der Äußerung des Vaters, inwiefern Clara eine außergewöhnliche ›Schulzeit‹ hatte.***
3. ***Welchen Kommentar könntet ihr dem Vater zu seinem Brief über die gerade 15-jährige Clara schreiben?***

Ein Lebenslauf

Als Säugling wird sie der Magd überlassen, die Geschwister sterben früh.
Mit **4** beginnt sie zu sprechen. Die Eltern trennen sich, sie bleibt bei der Mutter, einer Konzertsängerin. Wenige Monate später muss sie wieder zu ihrem Vater und erhält bei ihm weiter Klavierunterricht.
Mit **9** tritt sie zum ersten Mal im Konzertsaal des Leipziger Gewandhauses auf.
Als sie **11** ist, zieht ROBERT SCHUMANN als Klavierschüler ihres Vaters ins Haus.
Mit **15** beginnt sie ein Klavierkonzert zu komponieren, das sie mit **16** uraufführt.
Kurz vor ihrem **21**. Geburtstag erzwingt sie vor Gericht – gegen den Willen des Vaters – die Erlaubnis, den 30-jährigen SCHUMANN zu heiraten. Sie nimmt dessen Namen an.
Als sie **26** ist, gebiert sie ihr viertes Kind und erleidet die erste Fehlgeburt. Sie geht trotzdem regelmäßig auf Konzertreisen – eine wichtige Einnahmequelle für die junge Familie.
Als sie **36** ist, stirbt ROBERT SCHUMANN in einer Nervenheilanstalt in Endenich bei Bonn. Der Komponist JOHANNES BRAHMS unterstützt sie und die acht Kinder als enger Freund.
Als sie **72** ist, stirbt ihr letzter Sohn. Nur drei ihrer Töchter leben noch, als sie mit **76** als angesehene Dozentin für Klavier in Frankfurt/ M. stirbt.

Sie hat vor allem Klavierstücke und Lieder komponiert, keine Sinfonie oder Oper.*)

WIECK in einem Brief an seine (zweite) Frau im Oktober 1834 über die 15-jährige Clara:

Clara ist jetzt sehr oft so unbesonnen, herrisch, voller unvernünftigem Widerspruch, nachlässig, im höchsten Grade unfolgsam, grob, eckig, ungeschliffen, ungeheuer faul, eigensinnig eitel auf Lumpen [Kleider].

*) Zusammenstellungen nach einer Anregung von Beatrix Borchard

Clara Schumann als 13-jähriges Mädchen

Clara Wieck

Tochter
Schwester
Schülerin
Stieftochter
Wunderkind
Stiefschwester
Komponistin
Kollegin
Freundin
Virtuosin
Verlobte
Ehefrau
Pianistin
Mutter
Witwe
Interpretin
Geliebte
Lehrerin
Herausgeberin
Pianistin

Clara Schumann*)

Clara Schumann mit 59 Jahren

Lexikon der Tonkunst, Stuttgart 1833:

Wir erklären gleich von vornherein Clara Wieck für die größte Klaviervirtuosin jetziger Zeit. Nicht bloß dass ihr Spiel ein ungemein fertiges wäre, sondern es ist ein wahrhaft geniales, ein tief durchdachtes, wahrhaft künstlerisches Spiel.

Gewandhaussaal in Leipzig. Das Publikum saß sich beim Konzert, dem Orchester abgewandt, gegenüber.

Die Konzertpianistin – Ein Leben als Virtuosin

Unter Virtuosen versteht man besonders qualifizierte Künstler – vor allem Solisten. Zu CLARAS Zeit hatte Virtuosität oft eine positive Bedeutung (z. B. ausdruckvolles Spiel), wurde aber zuweilen abwertend gebraucht (leere Technik). Bekannte Virtuosen gingen wie heutige Stars auf Tournee.

1. Clara Schumann verdiente das Geld für ihre ganze Familie durch ständige Konzertreisen. Verfolgt die ›Stationen‹ 1854–1856 auf einer Landkarte und informiert euch, wie man zu ihrer Zeit (im 19. Jh.) reiste.

Stationen 1854–1856:

Ostende, Hannover, Leipzig, Weimar, Frankfurt/ M., Hannover, Hamburg, Lübeck, Bremen, Hannover, Berlin, Breslau, Berlin, Leipzig, Rotterdam, Leyden, Utrecht, Amsterdam, Den Haag, Danzig, Berlin, Greifswald, Stralsund, Grimma, Bergen, Rostock, Detmold, Bad Ems, Elberfeld, Berlin, Danzig, Berlin, Leipzig, Rostock, Schwerin, Wien, Budapest, Prag, Leipzig, Hannover – und ein ›Abstecher‹ nach England/ Irland mit 26 Konzerten in zweieinhalb Monaten.

Das Klavierkonzert a-Moll

Erst 14 Jahre war CLARA alt, als sie einen *Concertsatz* für Klavier und Orchester schrieb.

Den 22ten [November 1833] bin ich mit meinem Concert fertig geworden und Schumann will es nun instrumentieren, damit ich es in meinem Concerte spielen kann.

Sie spielte das Stück im Mai 1835 in Leipzig. Danach komponierte sie noch zwei Sätze dazu und instrumentierte diese nun selbst. Ihr ursprüngliches ›Concert‹ wurde nun zum dritten Satz des vollständigen Klavierkonzerts. Sie führte das komplette Werk im November im Gewandhaus Leipzig erfolgreich unter der Leitung von FELIX MENDELSSOHN auf. **HB 14**

Das Werk wurde sogar gedruckt: ›Das erste Honorar, was ich bekommen habe für Compositionen‹, schrieb sie am 2. 2. 1837 in ihr Tagebuch. Ein Kritiker lobte das Konzert in der Musikzeitschrift, die ROBERT SCHUMANN herausgab. Er meinte, dass CLARA WIECK für eine Frau etwas Ungewöhnliches gelang, ›nämlich ein Concert für das Pianoforte zu componiren.‹ Doch wollte er es nicht richtig kritisieren: ›Weil wir es mit dem Werke einer *Dame* zu thun haben.‹

2. Nehmt zur Aussage des Musikkritikers (›Werk einer Dame‹) Stellung.
3. Hört euch den Anfang des ca. zehnminütigen Finales an. Überlegt, ob ihr die Bezeichnung des Werks als ›ultraromantisch‹, so ein Kritiker, unterstützt.

Wieck an seine zweite Frau aus Berlin 1837:

Clara leidet an den Augen durch den vielen Glanz der Lichter und fast alle Nägel sind gespalten – aber die Finger tun nicht weh. Gott erhalte uns: es ist ein schönes Gefühl, den Leuten zu zeigen, dass Clara da ist.

Clara am Klavier mit Noten des Klavierkonzerts

Klavierkonzert a-Moll, op. 7 – Finale

Clara Schumann

Beispiel 1

Beispiel 2

Die Komponistin Ethel Smyth in ihren Memoiren:

Im Oktober spielte Frau Schumann bei einem Kammermusikkonzert [in Leipzig]. (. . .) Da sie die nervöseste Frau war, die man sich nur vorstellen konnte, pflegte sie vor einem Konzert regelmäßig in der Künstlergarderobe in Tränen auszubrechen und bis zum letzten Augenblick vor dem Auftritt zu erklären, dass es ihr absolut unmöglich sei, auf die Bühne zu gehen.

***4.* Klopft in T. 3 und T. 4 den einleitenden Rhythmus der Trompetenfanfare gegen die Synkopen der Violinen (Beispiel 1).**

***5.* Betrachtet die Oberstimme (rechte Hand) im Klavierpart: Das Thema (Beispiel 2) ist ebenfalls rhythmisch auffällig. Wie könnte man es gliedern?**

***6.* Das Thema erscheint gegen Ende des Hörbeispiels nach einem Dialog zwischen Fagott und Klavier kurz in Dur und dann gleich wieder in Moll. Signalisiert diese Stelle beim Hören.**

Clara und Robert Schumann auf einem der ersten Fotos (Daguerreotypie, um 1844)

Claras Tagebuch, Oktober 1846:

Es geht doch nichts über das Vergnügen, etwas selbst komponiert zu haben und dann selbst zu hören (...). Natürlich bleibt es immer Frauenzimmerarbeit, bei denen es immer an Kraft, und hie und da an Erfindung fehlt.

Clara in ihrem Tagebuch, nach zwei Wochen Ehe, 1840:

Es ist schlimm, dass mich Robert in seinem Zimmer hört, wenn ich spiele, daher ich auch die Morgenstunden, die schönsten zu einem ernsten Studium [= Üben], nicht benutzen kann.

Die Komponistin neben Robert Schumann

Wenn CLARA SCHUMANN nach ihrer Eheschließung noch komponieren konnte, dann meist nur zu Feiertagen wie Geburtstagen (z. B. für ROBERT). Es vergingen oft viele Monate, bis sie wieder etwas schrieb, auch wenn ROBERT sie sogar öfter darum bat.

A 1. ***Überlegt, was sich im Leben von Clara hätte ändern müssen, damit sie möglicherweise mehr Mut und Erfahrung als Komponistin bekommen hätte.***

Clara Schumann mit Tochter

Thema mit Variationen in fis-Moll

Öfter bezogen sich ROBERT und CLARA SCHUMANN beim Komponieren aufeinander. ROBERT variierte z. B. 1833 in seinen *Impromptus* (›Einfällen‹), op. 5 ein Thema von CLARA aus ihrer *Romance*, op. 3. Und umgekehrt:

Heute fing ich seit Jahren zum ersten Mal wieder an, etwas zu komponieren; das heißt, ich will dem Robert zum Geburtstag ein Thema aus den ›bunten Blättern‹ [Titel einer seiner Kompositionen] von ihm mit Variationen bearbeiten; es wird mir aber sehr schwer, – ich habe zu lange pausiert.
(Clara, Tagebuch vom 29.5.1853)

Das Stück, das CLARA erwähnt, ist das Thema mit (sieben) Variationen in fis–Moll, op. 20. Sie widmete das Stück ihrem Ehemann (›für IHN‹), nachdem sie fünf Jahre nicht richtig hatte komponieren können. Anlass war der letzte Geburtstag, den ROBERT 1853 mit der Familie verbrachte. Sie verwendete ein Thema von ihm (das erste *Albumblatt* von 1841 aus den *Bunten Blättern*, op. 99). Dasselbe Thema inspirierte zur gleichen Zeit auch ihren gemeinsamen Freund BRAHMS zu seinen Variationen, op. 9 als ›Hommage‹ an beide SCHUMANNS: ›über ein Thema von IHM. IHR zugeeignet‹.

Thema mit Variationen, fis-Moll

Clara Schumann

Thema (Anfang)

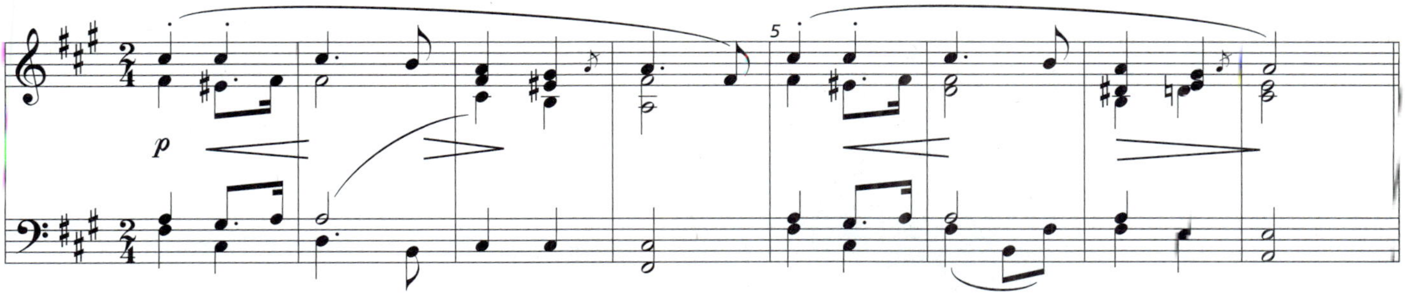

Variation 1 (Anfang)

Variation 2 (Anfang)

***2.** Hört euch das Thema und die beiden ersten der insgesamt sieben Variationen von Clara Schumann an. HB 15*
Vergleicht zunächst jeweils den Charakter des Themas und der 1. sowie der 2. Variation.
***3.** Untersucht die Anfänge des Themas und der Variationen in den Notenbeispielen, während ihr das Stück noch einmal hört. Wie verändert Clara das ursprüngliche Thema rhythmisch und melodisch in beiden Händen?*

***4.** Ordnet eure Ergebnisse nach folgendem Muster:*

	musikalische Mittel
Thema	
Variation 1	
Variation 2	

Von der Jahrhundertwende zur Neuen Musik

Suffragetten:
Ihr kennt sie vielleicht aus Walt Disney's Mary Poppins. Doch anders als im Film marschierten und sangen die englischen Suffragetten seit Gründung der *Women's Social and Political Union* (1903–1914) nicht nur, sondern traten für das Stimmrecht (lat. ›suffragium‹) der englischen Frauen ein. Um die politische Gleichberechtigung durchzusetzen, führten Suffragetten Demonstrationen, Hungerstreiks und andere spektakuläre Aktionen durch und nahmen drohende Inhaftierungen in Kauf. Emmeline Pankhurst gehörte zu den Hauptpersonen. Sie wurde eine enge Freundin von Ethel Smyth. Erst 1918 durften die englischen Frauen über 30 wählen, wenn sie verheiratet waren oder im eigenen Haushalt lebten. Dagegen wählten alle Männer über 20. 1928 durften alle Frauen über 20 zur Wahl gehen.

Suffragetten-Demonstration in London, bei der Fenster zu Bruch gingen

John Singer Sargent: ›Ethel Smyth singt‹ (1901)

Auch wenn sie weiterhin eher die Ausnahme blieben: Einige Komponistinnen, die nach der Mitte des 19. Jahrhunderts geboren wurden, traten schon selbstverständlicher als ihre Kolleginnen der Romantik an die Öffentlichkeit. Dazu trug bei, dass allmählich die Rechte der Frauen auf Bildung und Selbstständigkeit verstärkt eingefordert wurden. Um sich mit ihrer Arbeit durchsetzen zu können, brauchten diese Frauen neben herausragender Begabung auch die Unterstützung von Förderern. Teilweise waren dies die Eltern, in einigen Fällen auch Lehrer während des Studiums.

Die folgenden drei Komponistinnen bewiesen ein auffallendes Durchhaltevermögen – sogar außerhalb ihrer Heimatländer – gegen alle äußeren Widerstände.

A ***1. Wie verlief die Entwicklung des Frauenwahlrechts in Deutschland und in anderen Ländern? Informiert euch in Lexika unter den Stichwörtern ›Wahlrecht‹ und ›Frauenbewegung‹.***

Ethel Smyth: ›Suffragette und Pionierin‹

(1858 London – 1944 Woking bei London)

Auch die Komponistin ETHEL SMYTH schloss sich (1911–1913) der Suffragetten-Bewegung an. 1912 zertrümmerte sie die Fensterscheibe eines Ministerbüros, weil sie so Aufmerksamkeit für eine Demonstration erregen wollte. Während ihrer darauf folgenden Inhaftierung dirigierte sie unverdrossen und publikumswirksam mit der Zahnbürste aus dem Fenster ihrer Gefängniszelle einen ›Chor‹ von aufgebrachten Frauen.

Schon als Kind (in Kent) war sie eine energische, originelle Persönlichkeit im so genannten ›viktorianischen Zeitalter‹. Klavier spielen gehörte sich damals für eine ›höhere Tochter‹ eines Offiziers wie ETHEL, aber Musik als Beruf galt als unschicklich. Schließlich setzte die sport- und musikbegeisterte ETHEL – nach einem Hungerstreik – durch, dass sie alleine zum Kompositionsstudium nach Leipzig gehen durfte. Dort hatte bereits ihre Gouvernante Musik studiert. Bald überzeugte sie dort mit ihren Fähigkeiten in allen Gattungen von Kammermusik bis Oper. Sie leitete Orchester und Chöre – für eine Frau damals noch ungewöhnlich – und zeigte auch Talent als Schriftstellerin. Später erhielt sie die Ehrendoktorwürde und wurde in den Adelsstand erhoben.

Die kontaktfreudige ETHEL SMYTH lernte viele berühmte Musiker ihrer Zeit kennen: z. B. noch CLARA SCHUMANN. Sie lehnte alle Heiratsanträge ab, weil sie meinte, dann nicht mehr arbeiten zu können. Dafür verliebte sie sich in verschiedene Frauen (z. B. die Schriftstellerin VIRGINIA WOOLF) und hatte außerdem über viele Jahre den Dichter HENRY BREWSTER als festen Freund. Er verfasste die Texte zu ihren Opern.

The March of the Women

Ethel Smyth

Titelblatt zu ›The Women's Press‹, London 1911

Weihnachten 1914 hatte Deutschland zu Beginn des Ersten Weltkrieges Belgien erobert. Da erschien in London ein Buch zu Ehren des Königs Albert von Belgien, um die Solidarität der Alliierten mit dem kleinen Land auszudrücken. Viele berühmte Künstler ihrer Zeit widmeten dem König darin einen Text, ein Bild oder ein Musikstück (z. B. auch Claude Debussy).
Der Beitrag von Ethel Smyth und Emmeline Pankhurst (vgl. S. 26), als Vertreterinnen der Suffragetten-Bewegung, war der *March of the Women* mit persönlicher Widmung.
Dieser Marsch wurde bei den Demonstrationen der Suffragetten geschmettert.

Text der Widmung – drei Jahre nach der Komposition des Marsches:

> *To the King of the Belgians and his heroic people who, believing in right rather than in might, fought against overwhelming odds in defence of their honour and freedom – even as women in England are fighting to win theirs – undying graditude, and everlasting glory!*
> *Ethel Smyth*

Übertragung des Liedtextes:

Ruft, ruft! Heraus mit euerm Lied!
Ruft mit dem Wind,
denn die Morgenröte bricht an:
Marschiert, marschiert,
erhebt euch selbst.
Weit flattert unsere Fahne
und Hoffnung erwacht.

Lied mit dieser Kunde,
Träume von ihrem Ruhm,
seht!, rufen sie und froh ist ihre Rede!
Laut und lauter schwillt er an,
der Donner der Freiheit,
die Stimme des Herrn!

A

2. ***Wodurch wird die kämpferische Stimmung der Suffragetten im Text deutlich? Wie spiegelt sie sich nach eurem Höreindruck in der Musik? HB 16 (in G-Dur)***
3. ***Vergleicht die Marseillaise und andere Hymnen in Text und Musik mit dem Lied von Smyth.***

4. ***Spielt und singt den Marsch.***
Die ›Dame Smyth‹ schlug bei den Demonstrationen zu diesem Marsch das Becken. Auf welchen Zählzeiten ist dies sinnvoll?

Zum Inhalt:
In Cornwall (Südwest-England) betet der alte Pfarrer *Pascoe* mit seiner gläubigen, aber armen Gemeinde tatsächlich darum, dass ein Schiff stranden möge. Die Küste ist berüchtigt für ihre gefährlichen Strömungen und Klippen. Die Küstenbewohner leben von den Gütern gestrandeter Schiffe, wenn deren Mannschaft ertrinkt.
Um dem Schicksal nachzuhelfen, löschen sie nachts das Warnsignal des Leuchtturms.
Der Fischer *Marc* zündet jedoch heimlich das Feuer an – weswegen schon lange kein Schiff mehr aufgelaufen ist.
Die Bewohner fürchten zu verhungern und suchen den ›Schuldigen‹.
Weil die junge *Thirza* – Frau des Pfarrers – als Geliebte von *Marc* auf seiner Seite steht, entwickelt sich eine große Tragödie. Die Dorfgemeinschaft verurteilt das Liebespaar und sperrt es in eine Felsenhöhle, wo es durch die einsetzende Flut – als ›Gottesurteil‹ – ertränkt werden soll.

Zur Aufnahme:
Das Philharmonische Orchester der BBC London wird von einer Dirigentin geleitet: Odaline de la Martinez.
Sie stammt aus den USA und gründete in London 1990 das ›European Women's Orchestra‹, das sich für die Werke von Frauen einsetzt.

Ethel Smyth:

Der genaue Wert meiner Musik wird wahrscheinlich erst dann erkannt werden, wenn nichts von mir übrig geblieben ist als geschlechtslose Punkte und Striche auf liniertem Papier.

Die Oper ›The Wreckers‹ (›Strandrecht‹)

ETHEL SMYTH schrieb neben Chor- und Kammermusik sechs Opern. Die Musik dieser Bühnenwerke erinnert teilweise an RICHARD WAGNER, auch wenn sie sich von ihm distanzierte. Besonders erfolgreich wurde ihre Oper ›The Wreckers‹ (wörtl. Übersetzung: ›Die Strandräuber‹) von 1906, die in Leipzig in der Erstfassung aufgeführt wurde (mit dem Libretto ihres Freundes HENRY BREWSTER). Das Werk wurde 1909 in London in der vollständigen Bühnenfassung inszeniert.

Die ›Wahnsinns–Szene‹

Im 1. Akt – kurz nachdem *Thirza* ihre Liebe zu *Marc* besungen hat – findet *Pascoe* sie zu Hause und fragt, warum sie nicht mit den anderen in der Kirche ist, um zu beten. ›Nie wieder werde ich mit euch beten!‹, ruft sie und klagt die anderen als Mörder an. Während man von fern die Gemeinde einen Choral singen hört, spielt *Thirza* ihrem Mann (wie im Wahn) die Lust der anderen am Töten vor und endet höhnisch: ›Feed they Saints with the flesh of their brethren! Amen. Praise the Lord‹ (›Gib uns heute die Menschenbeute. Amen! Preiset den Herrn‹).
HB 17

The Wreckers

Ethel Smyth

Beispiel 1

A *1. Untersucht den Verlauf von Thirzas Stimme (bis T. 17, Bsp. 1).*
Wie wird die zunehmende Steigerung der Spannung im Tonhöhenverlauf und im Rhythmus gestaltet?
2. Vergleicht Thirzas Text und Melodie mit dem des Chorsoprans (ab T. 18–35, Bsp. 2).
3. Der Chor wird szenisch eingesetzt. Welche Wirkung entsteht durch die Gleichzeitigkeit des Gesangs der Bürger und der Thirza?
Erprobt eigene Vorschläge für das Bühnenbild und die ›Choreographie‹ (szenische Gestaltung).
4. Typisch für ihre Zeit verwendet Smyth zahlreiche chromatische Schritte (Halbtonschritte), wodurch in kurzem Abstand immer neue Akkorde erreicht werden und der Tonsatz ›farbiger‹ wird.
Wo findet ihr solche chromatischen Fortschreitungen?

Beispiel 2

Thirza (scheint im Wahn an dem, was sie beschreibt teilzunehmen)
Allegro non troppo
Thirza
Chor in der Kirche
Sopran
Alt
Tenor
Bass
ff
and slay! No land-ing back in - to the sea with them! Then out with your dag-gers!
dem Tod! Zum To-de, stürzt sie von den Klip-pen! Lasst kei-nen ent-rin-nen!
Up Lord our God! a - venge thy name! and whet thy
Zeig dich, Je - ho - vah, Gott und Herr! Ver - tilg' den
Up Lord our God! a - venge thy name! and whet thy
for on - ly the dead keep si - lence! Thou whose eyes are gla-zing thus I
Sie wür-den uns sonst ver - ra - ten. Du, mit star-ren Au-gen schweig' auf
(zieht scheinbar ein Messer, wie sich über einen am Boden Liegenden bückend)
sword our foes to smite! their hosts o'er - whelm, their bones con -
Feind mit Schwert und Pfeil! Sein Mark durch - dring, sein Herz zer -
(stößt zu)
mf
seal them! men wo-men, child-ren, spare none, let no one es-cape you!
e - wig! Wei - ber, Kin-der, Grei-se, schont kei-ne, schlach-tet sie al - le!
(sie lacht wild)
f
Feed ...
Gib ...
cresc.
rit.
sume! Let all the earth pro - claim thy might pro - claim thy might!
stör! Das ew' - ge Feu'r werd' ihm zu - teil. Hal - le - lu - ja!
usw.

Lili Boulanger beim zweiten Besuch in Rom 1916 an ihre beste Freundin Miki:

Wir haben Mama nicht die ganze Wahrheit gesagt, um sie nicht zu beunruhigen, aber morgen sind es schon wieder sechs Wochen, dass ich das Bett hüte und aufstehen darf ich (erst seit einigen Tagen) nur, um eine dreiviertel, höchstens eine ganze Stunde am Fenster zu verbringen. Wenn ich auch nicht schwer krank bin, kann ich dir dennoch kaum verbergen, wie mutlos ich an manchen Tagen bin (...) weil ich begreife, dass ich niemals das Gefühl haben werde, das getan zu haben, was ich wollte, denn ich kann nichts ohne Unterbrechungen tun und die sind länger als meine Arbeitsphasen selbst!

Lili Boulanger umringt von Kollegen: den Kandidaten für den Rompreis 1913

Lili Boulanger: ›Auf der Kantatenrennbahn‹

(1893 Paris – 1918 Mézy)

Ihr stand nicht viel Zeit zur Verfügung, um sich als Komponistin zu entwickeln, denn LILI BOULANGER starb bereits mit 24 Jahren. Schon als Kind, das mit zwei Jahren Melodien nachsingen konnte, erkrankte die Tochter einer adligen Sängerin und eines Professors für Gesang an Lungenentzündung. Ihr Immunsystem blieb zeitlebens anfällig gegen Infektionen.

Trotzdem hatte LILI BOULANGER das Talent und die Energie, um 1913 als erste Frau überhaupt den begehrten Kompositionspreis ›Prix de Rome‹ zu erringen. Ein Jahr zuvor war sie den Strapazen nicht gewachsen gewesen. Bei dieser ›Olympiade der Komposition‹ musste man in der Vorrunde in wenigen Tagen in Klausur (isoliert) eine Fuge und dann in der Endrunde eine Kantate (für Sänger und Orchester) schreiben.

CLAUDE DEBUSSY nannte die Prozedur ›Kantatenrennbahn‹. Er lobte BOULANGERS Sieges–Kantate *Faust et Hélène* sehr. Zur Belohnung durfte sie – ebenso wie die Preisträger heutzutage – in der ›Villa Medici‹ in Rom für einige Monate umsonst wohnen und arbeiten. Als der Erste Weltkrieg ausbrach, wurden die männlichen Stipendiaten eingezogen. Auch sie kehrte bald nach Paris zurück und baute für ihre Kollegen – trotz ihrer Erkrankung – ein Korrespondenznetz auf.

Lili in Trouville

Für ihre kurze Lebenszeit komponierte sie unglaublich viele Vokal- und Instrumentalwerke. Schon als Kind wollte sie Komponistin werden und übte dafür – unterstützt von der Familie – Fächer wie Harmonielehre und das Schreiben von Fugen. Ihre einzige Oper *Princesse Maleine* konnte sie nicht mehr beenden.

Ihre letzte Komposition *Pie Jesu* für Gesangsstimme, Streicher, Harfe und Orgel musste sie bereits ihrer – ebenfalls sehr musikalischen – Schwester NADIA diktieren, weil sie nur noch liegen konnte. Das Werk erinnert an das Requiem von GABRIEL FAURÉ, einen Freund der Familie und Lehrer der Töchter BOULANGER, dessen Werke LILI sehr schätzte. In ihrem letzten Jahr entstand neben dem Orchesterwerk *D' un soir triste* (›An einem traurigen Abend‹) das Orchesterstück *D' un matin de printemps*, das sie auch in einer Fassung für Violine (Flöte) und Klavier instrumentierte.

LILI BOULANGER hatte eine Vorliebe für Mystisches – auch für eine bestimmte Zahl. Sie entwarf ein Logo, in dem ihre Anfangsbuchstaben ›L. B.‹ und die Zahl, die genau die Anzahl der Buchstaben ihres Namens enthält, versteckt sind: Wie heißt die Zahl? (Tipp: unter 20)

D' un matin de printemps (›An einem Frühlingsmorgen‹)

Lili Boulanger

A

1. Hört den Beginn der Orchesterfassung des ›Frühlingsmorgens‹. HB 18
Inwiefern entspricht die Musik euren Vorstellungen vom Titel?
Malt ein farbiges Bild, das zur Atmosphäre des Stücks passt.

2. Die Holzbläser übernehmen wichtige Solo-Stellen. Welche Instrumente könnt ihr beim Hören erkennen?

3. Notiert im Notenheft alle Töne nebeneinander, die in der Klavierstimme im 1. Takt vorkommen. Erklärt das Prinzip.
Mit dem Tonmaterial könnt ihr eigene Klangkombinationen ausprobieren.

4. Beschreibt den Verlauf der Violin- (Flöten-) stimme im Notenbeispiel. Achtet auf Tonhöhen und Rhythmus.
Welcher Ton steht im Zentrum?

Lili Boulanger an der Orgel

Lilis ältere Schwester Nadia Boulanger (1887 – 1979) errang 1908 den zweiten Preis beim Romwettbewerb. Sie engagierte sich vor allem als Kompositionslehrerin später bekannter Musiker und als Dirigentin. In dieser Funktion setzte sie sich für Lili ein, indem sie deren Werke zur Aufführung brachte und aufnehmen ließ. Außerdem gründete sie eine Stiftung zum Gedenken an ihre Schwester.

Ruth Schonthal in einem Brief vom 26.7.1946 aus den USA an ihren ehemaligen Lehrer Manuel Ponce:

Von 9 bis 13 Uhr haben wir die ›major composition class‹, das heißt Komposition als Hauptfach. Diese Klasse besteht nur aus vier Schülern, mich eingeschlossen, und ca. 17 andere (alles Männer) hören zu. Sie studieren Komposition als Nebenfach, aber Hindemith untersucht und korrigiert nur die Werke seiner vier Hauptschüler.

Ruth Schonthal: ›Leben aus dem Koffer‹

(*1924 Hamburg)

RUTH SCHONTHAL gehört zu den jüdischen Musikern, die bereits als Kind mit ihren Eltern vor der nationalsozialistischen Verfolgung fliehen mussten. Nach mehreren Zwischenstationen gelang es ihr, eine Existenz als Musikerin in den USA aufzubauen.

Mit einem Jahr zog sie mit ihren gutbürgerlichen Eltern von **Hamburg** nach **Berlin**, wo der Vater einen Löt- und Schweißbetrieb aufbaute. Schon mit fünf Jahren begann sie zu komponieren und erhielt am Konservatorium Klavier- und Theorieunterricht, wurde jedoch 1935 als jüdisches Kind aus Schule und Konservatorium ausgeschlossen. Sie besuchte weiter eine jüdische Privatschule und erhielt privaten Musikunterricht.

1938 wurde es in Deutschland zu gefährlich: Die Flucht nach **Schweden** (Stockholm), wo der Vater glücklicherweise eine Zweigstelle seines Betriebs besaß, wurde als Urlaubsreise getarnt. 1941 wurde Schweden für die Familie zu unsicher, denn Dänemark und Norwegen waren bereits besetzt. Die Familie flüchtete, kurz bevor RUTH die Konservatoriumsausbildung abschließen konnte, zunächst nach **Moskau**.
Nach dem Hitler-Stalin-Pakt gingen sie über **Japan** nach **Mexiko City**, weil sie nicht schnell genug ein Visum für die USA erhielten. Dort studierte RUTH SCHONTHAL – wie schon in Stockholm – weiter Musik und spielte als 19-Jährige die Uraufführung ihres Klavierkonzertes. Auf einer Konzertreise lernte sie den emigrierten Komponisten PAUL HINDEMITH kennen. Er ermöglichte ihr 1946 ein Studium in seiner Kompositionsklasse in den **USA**.

Später unterrichtete die Komponistin Klavier und Komposition, um ihre Familie zu ernähren (sie hat mit ihrem Mann, einem Maler, drei Kinder großgezogen). Die Kompositionsaufträge reichten hierfür nicht aus.

RUTH SCHONTHAL hat zahlreiche Klavierwerke geschrieben, darunter Stücke für ihre Klavierschüler. Außerdem Kammermusik, Lieder und Opern. Ihr *Streichquartett Nr. 3* (1997) ›In Memoriam Holocaust‹ und die große Kantate *The Young Dead Soldier* (1987) für Chor und Orchester beziehen sich ebenso auf ihre Lebenserfahrungen wie das Klavierwerk *Fragments from a Woman's Diary* und das Stück *A Bird over Jerusalem* (1992) für Flöte, leicht präpariertes Klavier und Tonband mit arabischen Klageklängen – ein Stück über das konfliktreiche Aufeinandertreffen verschiedener Kulturen.

A

1. Nach 1933 wurden in Deutschland alle Kulturorganisationen ›gleichgeschaltet‹, also der staatlichen Kontrolle unterworfen. Informiert euch über das damalige Musikleben im Nationalsozialismus, das von der Reichskulturkammer gesteuert wurde. Welche Komponisten, Stilrichtungen wurden in Deutschland gefördert? Welche verboten?

2. Warum mussten einige Komponisten emigrieren? Wie haben sie nach ihrer Emigration weitergelebt (Arnold Schönberg, Paul Hindemith, Kurt Weill u. a.)?

Bereits als RUTH SCHONTHAL in Stockholm Kompositionsunterricht erhielt, entstanden ihre Werke auf der Grundlage von Improvisationen. Die folgenden Ausschnitte aus ihrem Band *Pentatonics* (1996) für Klavier sollen euch zu eigenen Improvisationen – und daraus abgeleiteten, fest notierten Kompositionen – anregen. Bei der Pentatonik handelt es sich um eine fünfstufige Tonreihe, die Halbtöne vermeidet, z. B. *c – d – e – g – a*.

Harbor Lights (aus: ›Pentatonics‹)

Ruth Schonthal

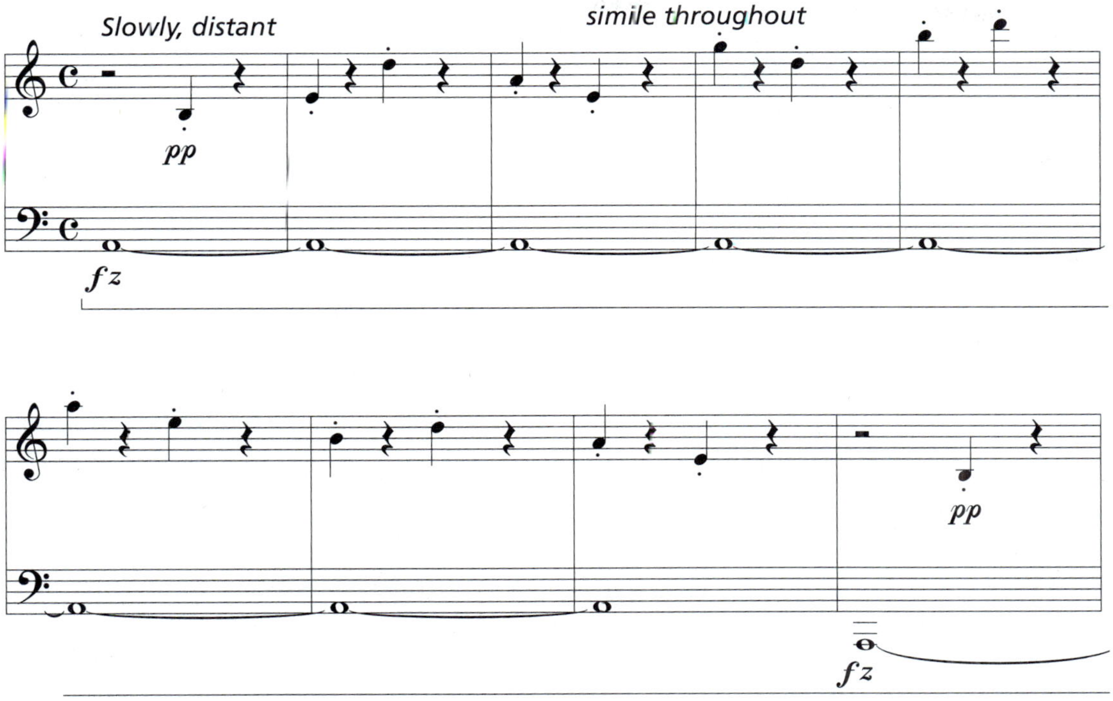

usw.

Sitting by the Water's Edge (aus: ›Pentatonics‹)

Ruth Schonthal

usw.

3. Improvisiert auf euren Instrumenten (auch auf Keyboards, Klavier oder Xylophonen) mit Fünftonreihen: z. B. mit schwarzen Tasten. Damit kann man u. a. Frage-und-Antwort-Spiele zu zweit erfinden.

4. Entwickelt die abgedruckten Anfänge aus ›Pentatonics‹ als Improvisationen alleine oder in Gruppen weiter. Sucht zunächst die Töne, die Ruth Schonthal in den Beispielen verwendet. Ihr könnt alle Oktavlagen verwenden. Eine interessante Wirkung entsteht mit ausgehaltenem Pedal auf dem Klavier, wie sie dies vorgibt. Schonthal selbst wechselt in ›Habor Lights‹ gegen Ende für vier Takte zur Pentatonik auf die schwarzen Tasten des Klaviers. Vergleicht eure Versionen mit denen der Komponistin. HB 19 – 20

Ruth Schonthal im Vorwort zu ›Pentatonics‹:

Unterschiedliche Versionen der pentatonischen Skalen findet man in der Musik verschiedener Kulturen wie der Chinesen, Franzosen oder amerikanischer Ureinwohner. Im Prinzip handelt es sich um eine Folge von großen Sekunden, kombiniert mit einer oder zwei kleinen Terzen. Viele zeitgenössische Komponisten haben sie ebenfalls benutzt. Wenn man beispielsweise nur die schwarzen Tasten auf dem Klavier aussucht, entsteht eine Fünftonskala, sie kann auf jeder der schwarzen Tasten beginnen. Einige der folgenden Kompositionen verwenden verschiedene pentatonische Skalen im selben Stück.

Neue Musik nach 1950

aus: ›Stripsody‹ von Cathy Berberian

aus: ›Offertorium‹
von Sofia Gubaidulina

Werke von Komponistinnen sind in neuerer Zeit immer öfter zu hören – nicht nur bei speziellen ›Frauen-Musik-Festivals‹, die seit den 70er Jahren stattfinden. Studentinnen, die an den Hochschulen Komposition studieren, sind mittlerweile nicht mehr ungewöhnlich. Allerdings melden sich bei Kompositionswettbewerben wie ›Schüler komponieren‹ immer noch überwiegend Jungen.

Nach wie vor ist für Männer wie Frauen Komposition als Beruf riskant. Deshalb weichen viele Frauen – vor allem wenn sie eine Familie gründen – auf den Beruf der Instrumentalistin (z. B. im Orchester) oder der Pädagogin aus: Das Komponieren bleibt dann Hobby.

Wie ihre männlichen Kollegen entwickeln Komponistinnen sehr individuell eigene Prinzipien. Dadurch entsteht eine Vielfalt von Musikrichtungen. Längst wurde das Tonmaterial mit Vierteltönen erweitert. Geräuschhaftes spielt eine große Rolle, z. B. wenn das Klappengeräusch von Holzblasinstrumenten genutzt oder auf der Violine hinter dem Steg gespielt wird. Das Glissando (stufenloses Gleiten zwischen zwei entfernt liegenden Tönen) ist ebenfalls ein übliches Kompositionsmittel. Sänger nutzen beispielsweise – wie in den Werken von ADRIANA HÖLSZKY – ungewohnte Geräusche (Schnalzen oder ungewöhnliche Vokalverbindungen). CATHY BERBERIAN setzt diese mit Witz und Humor ein (s. S. 45). In jüngster Zeit werden traditionelle Techniken (Sinfonieformen, Dreiklangsbeziehungen und festgelegte Taktarten) wieder – wie z. B. von SOFIA GUBAIDULINA – bewusst zitiert und selbstständig weiterentwickelt.

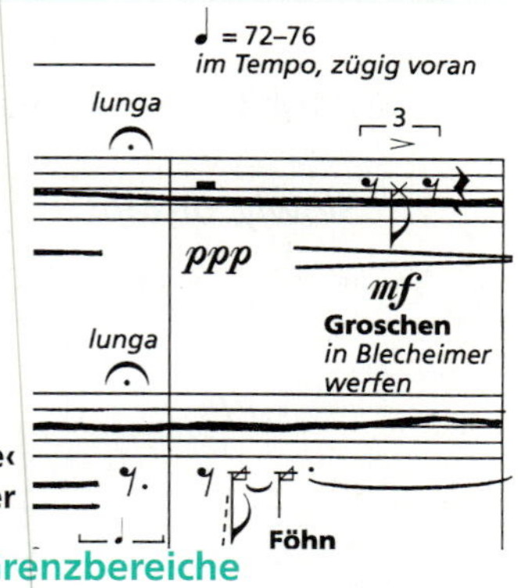

aus: ›Coq-à-l'âne‹
von Charlotte Seither

Performances – Grenzbereiche

Seit den 60er Jahren sind Komponistinnen mit Performances hervorgetreten: Die ›Show‹, die Art der Darstellung, bildet – wie im Pop – einen wesentlichen Bestandteil eines Stückes. Dabei entstehen nicht nur musikalische Abläufe, sondern (wie bei der Amerikanerin MEREDITH MONK) auch Szenisches, getanzte Choreographien oder Konzepte für bildende Kunst in Bezug zur Musik. Hier spielt der Umgang mit Technik, vor allem Elektronik – ein Bereich, dem Frauen traditionsgemäß eher zurückhaltend begegneten – eine immer wichtigere Rolle. CHRISTINA KUBISCH experimentiert im Grenzbereich zur bildenden Kunst mit so genannten ›Klanginstallationen‹. Dabei wird längst keine ›normale‹ Konzertsituation mehr vorausgesetzt, denn alle Zuhörer können entscheiden, wann und wie lange sie zuhören wollen, während sie sich beispielsweise durch einen besonders präparierten Raum bewegen. Insgesamt ist die Grenze zwischen Improvisation und Komposition fließend geworden. Bei allen hier behandelten Werken lassen sich aber Schritte der Planung – Konzepte – erkennen, sei es durch eine bestimmte Notation oder durch grafische oder ähnliche Vorgaben.

Zunächst werden drei Künstlerinnen vorgestellt, deren Arbeitsweise noch traditionelle musikalische Verfahren, zumindest teilweise, enthält: CHARLOTTE SEITHER und ADRIANA HÖLSZKY legen Besetzung, Zeitablauf und Form mit einer erweiterten Notenschrift genau für die Aufführung fest, SOFIA GUBAIDULINA arbeitet mit traditioneller Notenschrift.

Drei weitere Komponistinnen überschreiten deutlich die Grenze zu anderen Kunstrichtungen: CATHY BERBERIAN provozierte das Publikum mit ungewöhnlicher Performance (und verwendete eine originelle Notation), BARBARA HELLER arbeitet im vorgestellten Werk mit reiner Grafik und CHRISTINA KUBISCH produziert Klanginstallationen *zwischen* Kunst und Musik.

aus ›Stationen‹
von Barbara Heller

Charlotte Seither: ›Ungehörte Klänge‹

(* 1965 Landau/ Pfalz)

Die jüngste der hier vorgestellten Komponistinnen unternahm mit sieben Jahren bereits erste Kompositionsversuche (vor allem am Klavier). Sie studierte Musik und Germanistik in Hannover und Berlin (neben Komposition auch Klavier und Schulmusik) und promovierte in Musikwissenschaft über den italienischen Komponisten LUCIANO BERIO. Inzwischen hat CHARLOTTE SEITHER zahlreiche nationale und europäische Förderstipendien und Kompositionspreise erhalten.

Nach Orchesterstücken und Werken für kleine Ensembles arbeitet sie auch im Bereich Oper. Das folgende Stück ist im Gegensatz zu ihren anderen Kompositionen für ungewöhnliches Instrumentarium geschrieben und lässt sich in einer Arbeitsgruppe erarbeiten.

1. Probiert die vorgeschriebenen Klänge einzeln aus. Welche sind eher ›traditionell‹, welche ungewöhnlich?
2. Kombiniert verschiedene Klänge, z. B. Bürste und Sandblock ab T. 1.
Spielt hintereinander Handtuch, Föhn, Blechgefäß mit Groschen (in T. 5). Beachtet dabei die rhythmischen und dynamischen Angaben und arbeitet mit Dirigent/ -in.
3. Hört das ganze Stück und erklärt anhand der Partitur, woran sich neue Abschnitte erkennen lassen. HB 21
4. Inwiefern lässt sich das Zitat ihres Lehrers Reimann auf das Stück beziehen?

Coq-à-l' âne (1997) für drei Spieler

Der Titel ist nach dem französischen Sprichwort ›saillir du coq en l' asne‹ (vom Hahn auf den Esel überspringen) gebildet. Gemeint ist so viel wie: einen ungewöhnlichen Klang in einen anderen überführen. Unabhängig von der eigentlichen Bedeutung des Sprichwortes fühlte sich CHARLOTTE SEITHER sofort an die ungewöhnliche ›Besetzung‹ der *Bremer Stadtmusikanten* erinnert. Trotzdem ist das Stück nicht klamaukartig, sondern durchaus ›ernsthaft‹ sinfonisch angelegt.

Hinweise der Komponistin

Die Instrumente können auch auf beliebig viele Spieler verteilt und/ oder durch möglichst ähnliche Klangerzeuger ersetzt werden. *Coq-à-l' âne* greift auf kleine Gegenstände aus dem Alltag zurück. Die Klänge, die sie erzeugen, bilden verschiedene Detailformen aus (Reibefläche, Liegefläche, Monofläche, zusammengesetzte Fläche, stumpfer Impuls, nachklingender Impuls, streuender Impuls, geräuschhafter Vorgang, tonhöhengebundener Vorgang etc.), die in einer relativ festgefügten Partitur zueinander in Beziehung gesetzt werden.

Besetzung

Spieler I: Wurzelbürste (rau), kleiner Blecheimer (Blechschüssel) mit drei Groschen, kleines Tam–Tam (oder Altmetallstück, nicht scheppernd!), Blockflöte, Sandblock (Sandpapier, gebündelt), Flexaton, Kinderklarina.

Spieler II: Wurzelbürste (mittelrau), Sandblock (Sandpapier, gebündelt), Föhn (niedrigste Ventilierstufe, nicht zu laut, ggf. abdämpfen), Teppichklopfer mit kleiner Matte, Mehlsieb mit Murmeln, Bonbonpapier (knisternd), Wasserglas (gefüllt), Mundharmonika, Kuckucksrufer (2 Töne, beliebige Tonhöhe), Kuhglocke (Tonhöhe beliebig).

Spieler III: Brummtopf (Löwengebrüll, Cuica, Waldteufel o. Ä.), Geschirrhandtuch, Bonbonpapier (knisternd), Kuhglocke (Tonhöhe beliebig), Luftballon (mit etwas Luft gefüllt, mit Wäscheklammer abgeklemmt), singende Säge (oder Blockflöte).

- Die Bürsten sollen auf einer Holzablage, die Sandblocks auf einem Stück Karton gerieben werden. Für den Föhn wird eine Stromquelle benötigt; ›lunga‹ in der Partitur = lange.

Aribert Reimann:

Die Komponistin ist ständig auf der Suche nach neuen, ungehörten Klängen, nach Ton- und Klangkombinationen in verschiedensten Schichtungen und in ständig wechselnden dynamischen Bereichen bis zum Verstummen.

Flexaton:
Kleine Holzklöppel bringen eine Stahlzunge am Holzgriff zum Schwingen: skurriler Klang.

Brummtopf, Löwengebrüll etc.:
Reibetrommel, bei der je nach Typ ein Seil oder ein Holzstab, der das Fell durchstößt, gerieben wird: sehr komischer Effekt.

Coq-à-l' âne (für drei Spieler)

Charlotte Seither

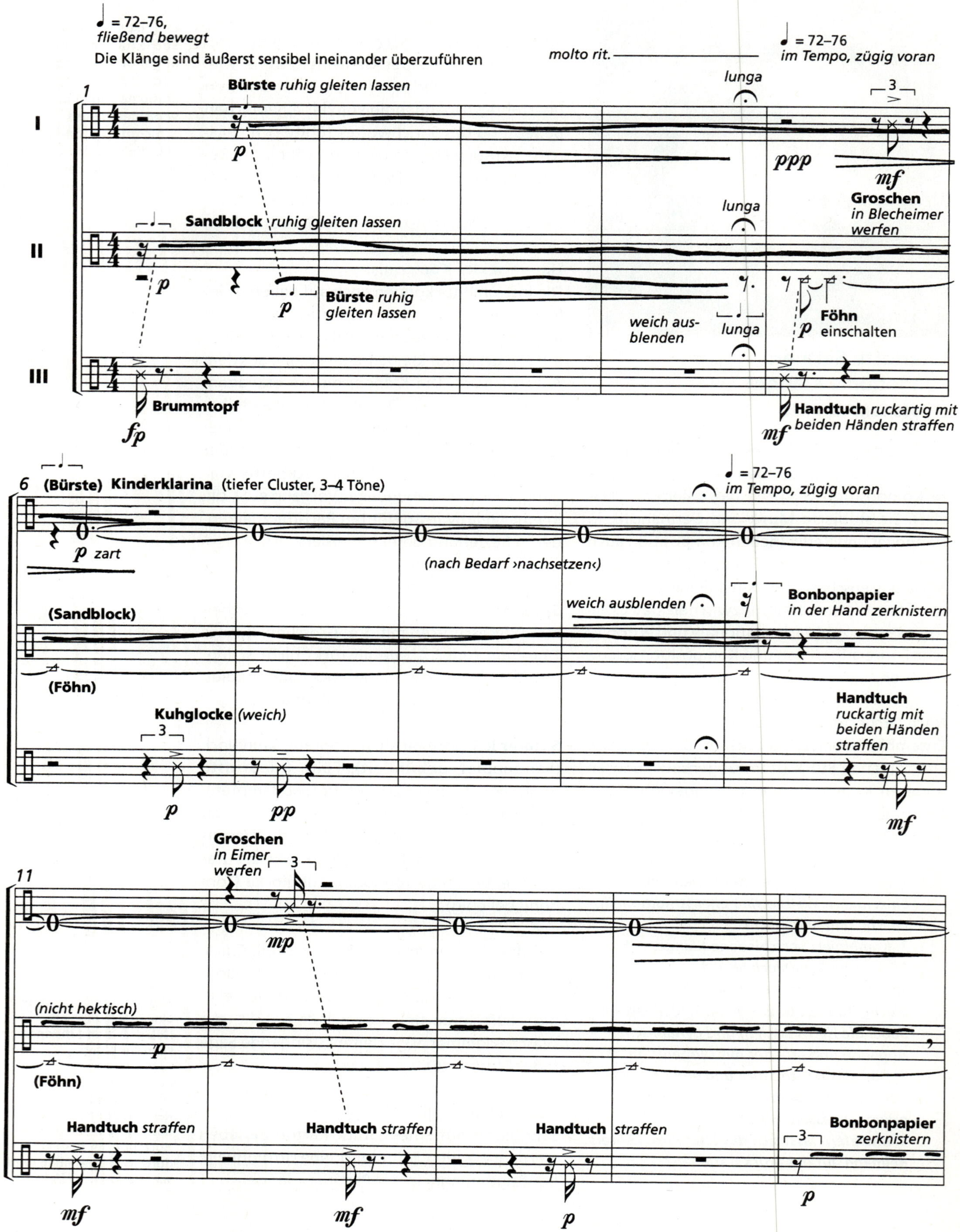

16
abstoppen (zart)
p Bürste ruhig gleiten lassen
(Föhn)
(Bonbonpapier)
= 72–76
im Tempo, zügig voran
Sandblock
ruhig gleiten lassen
p
Teppichklopfer
f
Föhn ausschalten
3
Mehlsieb p
mit Kugeln,
zart kreisen lassen
Brummtopf
fp
21
Groschen
in Eimer
werfen
poco
Kinderklarina (Quintklang, beliebige Höhe,
jedoch höher als der Cluster von T. 6ff.)
mf
p
(weich wegnehmen)
poco
(Mehlsieb)
p
Kuckucks-
rufer
Kuhglocke
p
Bürste ruhig gleiten lassen
Handtuch
straffen
poco
3
mfp
p
26
Flexaton
(ausklingen lassen)
(weich)
p
p Bürste
(Mehlsieb)
p Sandblock
Handtuch
straffen
mf

Abgesang
= 66–69
ruhig fließend
31
Tamtam (klingen lassen)
lunga
Blockflöte (anfängerhaft geblasen)
(zart)
(Bürste)
(weich ausblenden)
(Sandblock)
Wasserglas
mit Daumen am feuchten Glasrand entlangquietschen
(keine Tonhöhe, nur ›Ruppelgeräusch‹, nicht hektisch!)
Singende Säge
(Oktavlage je nach Instrument)
molto legato!
Kuhglocke
Luftballon
(Luft plötzlich austreten lassen, akzentuierter ›pf‹–Ausstoß, Ballon darf nicht davonspringen!)
(ossia: Blockflöte anfängerhaft geblasen)
36
molto legato!
Tonhöhe absenken und wieder anheben
(›flattrig‹)
gliss.
gliss.
Teppichklopfer
(weich ausblenden)
Kuckucksrufer
Kuhglocke
(Sandblock)
Bürste
(›unhörbar‹ nachsetzen)
41
Blockflöte
gliss.
(Sandblock)
Mundharmonika (beliebiger Klang, weich)
weich
(Bürste)
(ggf. ›unhörbar‹ nachsetzen)
(anderer Klang)
(›unhörbar‹ nachsetzen)

46
Tamtam
Blockflöte
(Flatterzunge)
aggressive Ausbruchs-
figur, äußerst rasche Tonfolge
›gespuckte‹ Töne
(slaps)
(unbestimmte
Tonhöhe)
(klingen lassen)
(beliebige Tonhöhen)
(poco f)
äußerst hektisch
anschleifen
(mit viel Luft)
(Mundharmonika)
(Singende Säge)
50
ruhig
fließend,
kaum Tonhöhe,
viel Luft, legato
›abseufzen‹ lassen
(›Wimmertöne‹)
al niente
al niente

Sofia Gubaidulina:

Die Religion ist das Wichtigste im Leben des Menschen überhaupt. In unserem Jahrhundert besteht die Gefahr, dass wir die Religion verlieren.

Ernste Musik hat meiner Meinung nach eine wichtige innere Aufgabe. Sie stellt die notwendige Distanz zur Außenwelt her. Manche Leute finden eine so große Distanz zwischen ernster Musik und Alltag schrecklich. Mir scheint sie aber notwendig zu sein, um nach innen und in die Stille zu gehen – nicht unbedingt nur mit pianissimo-Tönen (…). Das Leben ist sehr interessant, aber oberflächlich.

Sofia Gubaidulina: ›Innenwelten‹

(*1931 Tschistopol, Tatarische Republik)

Sie gehört zu den bekanntesten Komponistinnen aus dem russischen Sprachraum. In Westeuropa werden ihre Werke – ähnlich wie die ihres Landsmannes ALFRED SCHNITTKE – seit einigen Jahren relativ oft aufgeführt. SOFIA GUBAIDULINA studierte am Moskauer Konservatorium bei einem Schüler von DMITRI SCHOSTAKOWITSCH. In der Sowjetunion musste sie wegen ihrer eigenwilligen Kompositionsweise immer wieder Aufführungs- und Ausreiseverbote ertragen, dazu trug auch ihre überzeugt religiöse Haltung bei. Inzwischen erhielt sie zahlreiche Kompositionsaufträge und wurde mit wichtigen Auszeichnungen geehrt, z. B. 1998 mit dem *Praemium Imperiale* im Bereich Musik, einem angesehenen japanischen Kunstpreis.

In ihren farbenreichen Werken verwendet sie ›klassische‹ Instrumente, aber auch Volksinstrumente aus Russland und Japan (z. B. den *Koto*, eine japanische Zither). Sie schrieb zahlreiche Konzerte, Kantaten, Lieder und Kammermusik. Viele ihrer Werke haben einen außermusikalischen Bezug. Die Titel weisen auf Gedichte, bildhafte Vorstellungen und szenische Aktionen hin, wie z. B. im Orchesterwerk *Stimmen – Verstummen* (1986).

›Offertorium‹ – Konzert für Violine und Orchester

Mit der Uraufführung dieses Violinkonzerts (1979/ 80) gelang SOFIA GUBAIDULINA 1981 in Wien der internationale Durchbruch. Solist war der Geiger GIDON KREMER, der sich für ihre Werke eingesetzt hatte. Das Konzert wurde inzwischen zweimal überarbeitet, die Uraufführung der endgültigen (ca. 35-minütigen) Fassung fand 1986 in London statt. Der Titel weist auf einen Abschnitt der Messe hin und hat – wie viele ihrer Werke – einen religiösen Bezug. Im Mittelpunkt steht das ›königliche Thema‹ von J. S. BACH, das FRIEDRICH II. dem Komponisten vorgegeben hatte. BACH verwendete es in seinem Werk *Das musikalische Opfer*, BWV 1079.

A ***1. Lasst euch Bachs Thema vorspielen und beschreibt den Melodieverlauf. HB 22***

(Aufnahme in der Originaltonart: c-Moll)

2. Hört den Anfang zu ›Offertorium‹. HB 23 Gubaidulina verwendet hier die alte ›Hoquetus–Technik‹, die der von ihr verehrte Komponist Anton Webern zu Beginn des 20. Jahrhunderts wieder aufgegriffen hatte: Sie verteilt dabei die Töne des Themas (in d-Moll) hintereinander auf verschiedene Instrumente (s. Notenbeispiel S. 41). Musiziert das Thema selbst auf verschiedene Instrumente verteilt. Welche Wirkung entsteht?

3. Der Schlusston des Themas fehlt. Bei jedem weiteren Durchgang des Themas lässt Gubaidulina einen weiteren Ton am Anfang und am Ende weg. Probiert dies selbst aus.

4. Die erste Durchführung des Themas geht direkt in das Violinsolo über. Das Solo (ab T. 9) enthält acht Takte lang nur zwei Töne. Wie erreicht die Komponistin hier Spannung? Versucht selbst eine ›spannende‹ Zwei-Ton-Melodie zu gestalten.

5. Gidon Kremer äußerte, dass er besonders froh sei, das Konzert direkt mit der Komponistin einzustudieren. Welchen Vorteil kann dies eurer Meinung nach haben. Sind auch Nachteile denkbar?

Offertorium

Sofia Gubaidulina

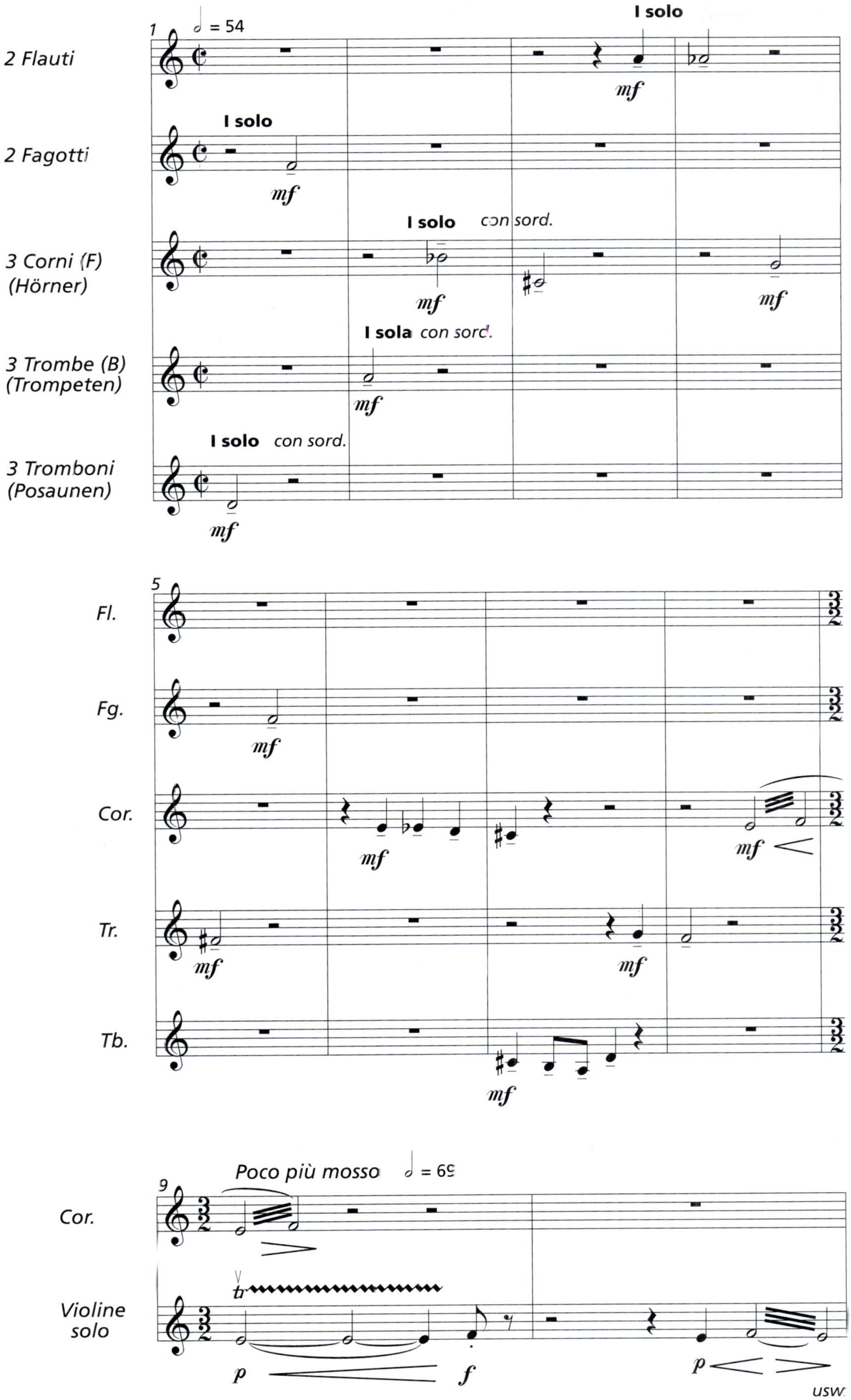

Offertorium: bzw. ›Antiphona ad offertorium‹ ist in der katholischen Messe der Gesang zu Beginn der Gabenbereitung. In der Totenmesse (Requiem) wird hierbei um die Befreiung der Seelen aller verstorbenen Gläubigen von den ›Höllenstrafen‹ gebetet, damit sie ins ›ewige Licht‹ geleitet werden.

Wenn ich von einem Text ausgehe, dann ist es mein Hauptanliegen, den Text zu rekomponieren, ihn zu zerfetzen und wiederherzustellen auf einer anderen expressiven Ebene.

Die ersten Versuche mit acht waren mit Tieren oder mit Geräuschen verbunden, immer Geschichten, z. B. eine Komposition, die nannte sich ›Gebrochene Flügel‹. Ich habe sie für meinen Wellensittich geschrieben, als er gestorben ist. Ein anderes Stück habe ich für unsere Klasse geschrieben, für vierstimmig gemischten Chor (...). Das habe ich dann meinem Musiktheorielehrer gezeigt und der hat gesagt, es wäre schade, wenn ich nicht Harmonielehre und Kontrapunkt studieren würde, damit alles, was ich improvisiere und dann aufschreibe, richtige Kompositionen sind. (...) Und dann habe ich mit zwölf angefangen, ich und meine Schwester, das hat mir viel geholfen, dass ich mit dem Handwerk dann wirklich professionell arbeiten kann und nicht nur so nach dem Gefühl.

Adriana Hölszky: ›Zerfetzen und wiederherstellen‹

(* 1953 in Bukarest)

ADRIANA HÖLSZKY wuchs als Rumäniendeutsche in dem Land auf, wo Vampire angeblich zu Hause sind. Zuerst studierte sie Klavier und Komposition in ihrer Heimatstadt Bukarest, seit 1976 in Deutschland. Sie gewann zahlreiche Kompositionspreise (u. a. den Rompreis der Villa Massimo), leitete 1994 das Projekt ›Kinder Komponieren‹ und unterrichtet seit 1997 als Professorin für Komposition in Rostock. Ihre Musiktheaterstücke (z. B. *Bremer Freiheit*, 1987) und Ensemblewerke wurden in vielen Ländern aufgeführt. Ihre Werke enthalten gleichzeitig viele Schichten und feine Klänge, die die Wahrnehmung herausfordern. Die Komponistin verwendet dabei auch Live–Elektronik.

›Vampirabile. Lichtverfall‹

für fünf Sängerinnen mit Percussion

ADRIANA HÖLSZKY komponierte *Vampirabile* als letzten Teil einer Trilogie für fünf Sängerinnen mit Percussion. Sie verwendet ›Bruchwörter‹ aus verschiedenen Gedichten der deutschsprachigen Literatur des 20. Jahrhunderts. Dabei wählte sie Texte von INGEBORG BACHMANN, GOTTFRIED BENN, GEORG TRAKL und KARL KROLOW. Es handelt sich um eine Art Collage – eine ihrer beliebten Kompositionsformen, wobei die Komponistin auch mit Schere, Fotokopien, Radiergummi und Klebstoff arbeitet.

Jede der fünf Sängerinnen steht auf einem kleinen Holzpodest; dadurch wird das Stampfen mit den Füßen verstärkt (unterste Linie in jeder Stimme).

Auf der jeweils mittleren Linie sind für jede Sängerin hintereinander mehrere sehr verschiedene Percussioninstrumente vorgeschrieben: Agogo (Doppelglocke), Claves, auch eine Glasschale mit Glaskugeln.

Mit dem Mund erzeugt jede Stimme die verschiedensten Geräusche, für die HÖLSZKY genaue Anweisungen auf der jeweils obersten Linie gibt (und in der Legende).

A

1. ***Betrachtet die erste Stimme der Partitur. Wo findet ihr die Wörter ›Kinder der Nacht, kommt herab‹ und ›Rattenkrallen‹, aus Texten der Dichterin Ingeborg Bachmann?***
2. ***Betrachtet die Schreibweisen genauer. Erklärt oder führt vor, wie die Wörter nach eurer Vorstellung vorgetragen werden sollten.***
3. ***Die Musik ist ungewöhnlich. HB 24 Stellt sie eine Beziehung zum Titel her? Welche Wörter konntet ihr beim ersten Hören verstehen?***
4. ***Hört den ersten Abschnitt mehrmals. Achtet auch auf die Wirkung von Instrumenten und ›Fußescharren‹ und bezieht den Klangeindruck auf die Vortragsbezeichnung ›Wie im Traum‹.***
5. ***Vergleicht die Notation des Stückes mit der von Berberian (s. S. 45) bezüglich Tonhöhenverlauf und ›Timing‹.***

Vampire:
1.) Ruhelos Verstorbene, die nachts dem Grab entsteigen, um Lebenden Blut auszusaugen. Aus dem südslawischen, auch rumänischen Volksglauben. In den Vampir–Filmen verfallen diese Wesen bei Licht zu Staub.
2.) Desmodontidae: schwärmen bei völliger Dunkelheit aus, ernähren sich vom Blut der Vögel und Säugetiere, selten von Menschenblut. Mit ihren messerscharfen Schneide- und Eckzähnen ritzen sie an weniger behaarten Stellen – völlig schmerzlos – eine Wunde und lecken das ausfließende Blut auf.

Dietburg Spohr und ihrem "belcanto" Ensemle gewidmet

VAMPIRABILE

Lichtverfall für fünf Frauenstimmen mit Percussion

Adriana HÖLSZKY
W 31 - 1988

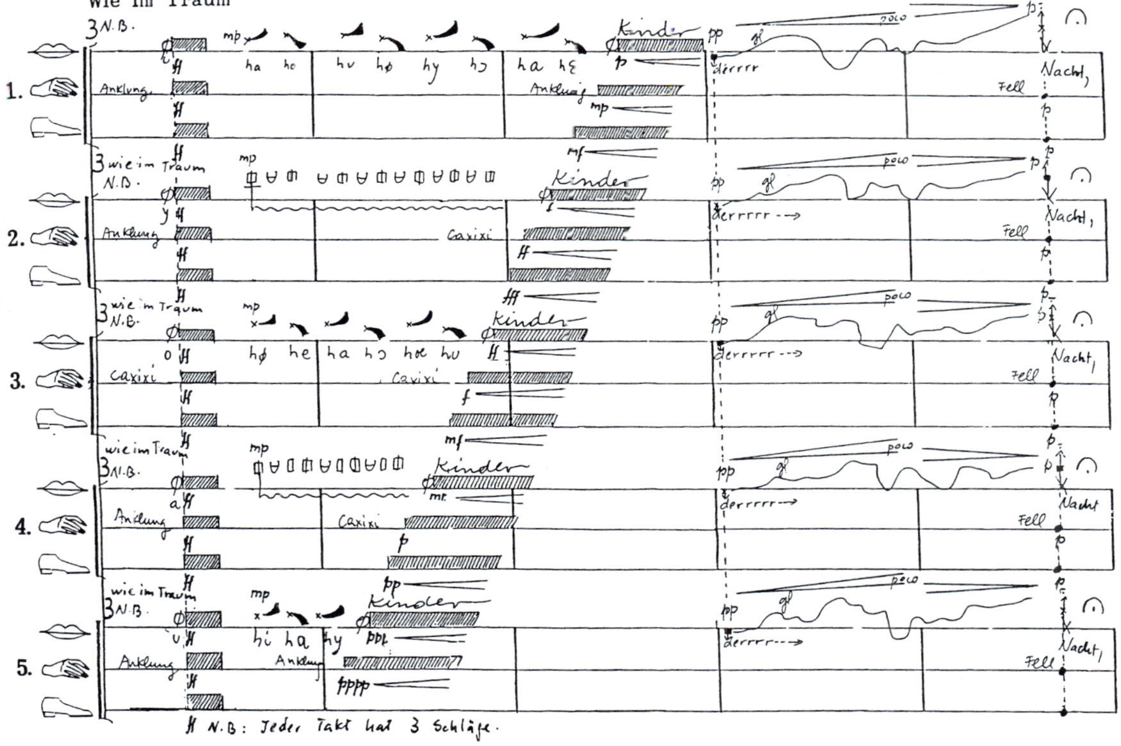

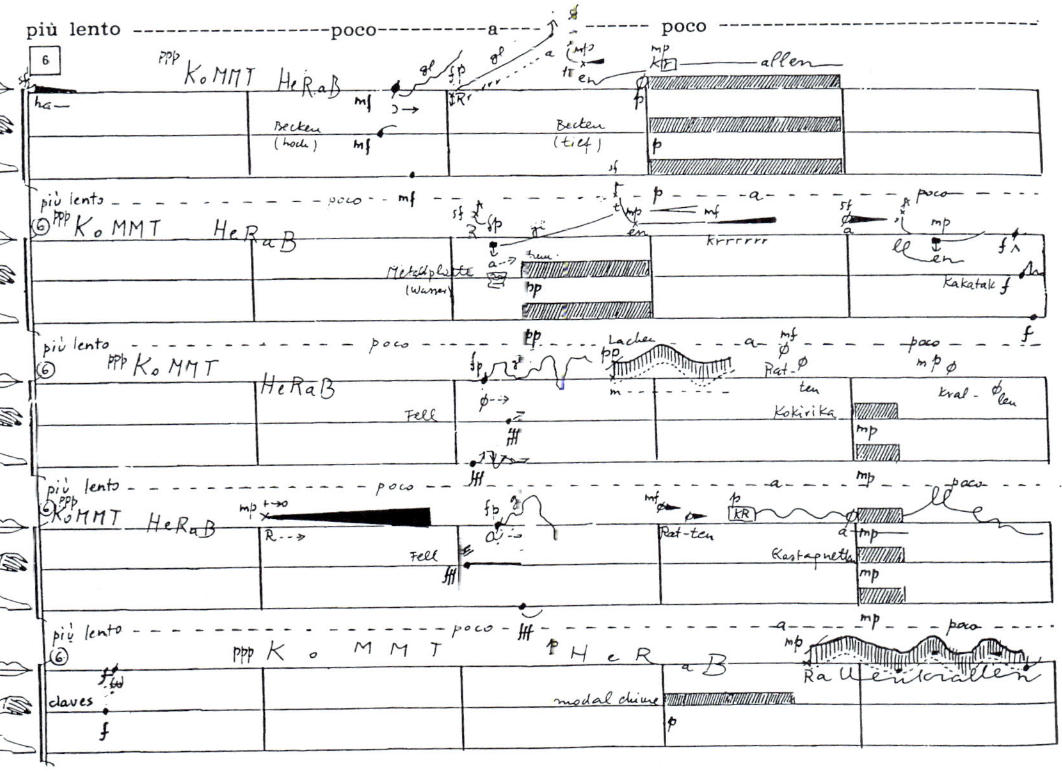

Legende (Auswahl)

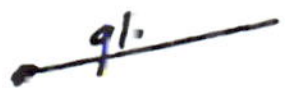
: Singstimme mit glissando während der ganzen Dauer des Notenwertes bei undefiniertem Endpunkt

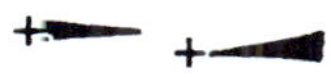
: Sprechstimme mit übertriebenem Hauchgeräusch

Lippengeräusch (ähnlich dem des kochenden Wassers), erzeugt durch schnelle Mundbewegungen

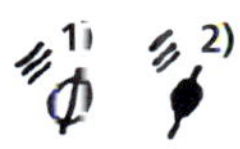
: knarrende Stimme mit unbestimmter Tonhöhe, Mundstellung offen bzw. geschlossen, bei maximalem Geräuschanteil

1) Mundstellung offen
2) Mundstellung geschlossen

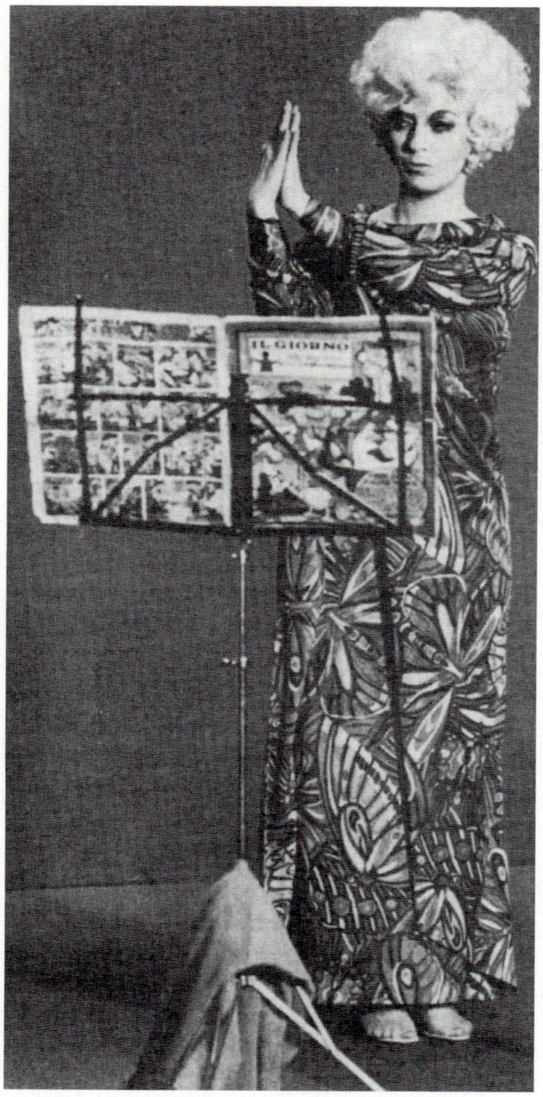

Das Foto zeigt, dass ihre Auftritte auch optisch genau geplant waren.

Cathy Berberian: ›Voice-Performance‹

(1925 Massachusetts, USA – 1983 Rom)

Nach ihrem Studium in New York und Mailand fiel CATHY BERBERIAN – Tochter armenischer Einwanderer – bald als Sängerin mit schauspielerischem Talent auf – nicht durch Opernauftritte, sondern mit sehr vielseitigen und ungewöhnlichen Konzertprogrammen von alter Musik bis Pop. Außer LUCIANO BERIO (Italien), mit dem sie lange verheiratet war, widmeten ihr auch andere bekannte Komponisten wie IGOR STRAWINSKY und JOHN CAGE Werke. Eine ihrer wenigen eigenen Kompositionen wurde durch ihre Interpretation weltberühmt: *Stripsody*.

Performance:
Aktionskunst, Vorführung mit bis in die Einzelheiten geplantem Handlungsablauf.

Popart:
moderne Kunstrichtung, die in den 50er Jahren in den USA und in England aufkam. Dargestellt wurden in knallbunten Farben (›pop‹ = Knall) vor allem Gegenstände aus der Welt der Reklame (z. B. Cola–Dosen) und Stars (z. B. Marylin Monroe).

›Stripsody‹

Comicsprache und -zeichen verwendete BERBERIAN in diesem Stück zur selben Zeit, als ANDY WARHOL mit seiner ›Popart‹ bekannt wurde. *Stripsody* wurde 1966 als Auftragswerk von Radio Bremen uraufgeführt und soll ohne Requisiten wie von einer Radiosprecherin vorgetragen werden.

Die vorwiegend drei Linien in der Partitur geben die verschieden Tonhöhen an: tief, mittel und hoch. Wenn möglich, sollten Gesten und Körperbewegungen zum Stück passen. Das Timing ist nicht genau festgelegt, aber der Abstand der Bilder und Zeichen gibt einen ungefähren Anhaltspunkt.

A

1. Betrachtet die Partiturausschnitte:
Beispiel 1: Wie werden Lautstärke, Pause und Tonhöhe deutlich? HB 25
Beispiel 2: Die Passage fällt in der Partitur aus dem Prinzip der drei Linien. Gibt die Schrift von ›Frieda‹ aus den ›Peanuts‹ einen Hinweis auf die Vortragsart? HB 26
Beispiel 3: Welche Bedeutung haben die Bilder an dieser Stelle für den Vortrag? HB 27

2. Hört das gesamte Stück. HB 28
Kann man auf eine Handlung schließen?
Sucht euch einen der drei Ausschnitte aus und tragt ihn nach einer ›Übungsphase‹ vor.

3. Sucht etwa zehn Wörter aus der Comic–Sprache aus (z. B. aus Comic–Heften).
Entwickelt selbst eine kleine ›Stripsody‹ für eine Gruppe.
Einigt euch auf eine Situation oder Stimmung. Legt den Ablauf mit verschiedenen Bildern und eigenen Zeichnungen fest und erstellt eine Partitur.
Für Tonhöhen und das Timing könnt ihr ähnlich wie Berberian verfahren.
Erarbeitet eure Version in einer Gruppe (z. B. mit verteilten Rollen). Ihr könnt den Vortrag auch hinter einem Vorhang – ›aus dem Off‹ – gestalten.
Überlegt euch unbedingt einen Trick, wie ihr weiterspielen könnt, wenn die anderen lachen!

Stripsody

Cathy Berberian

Beispiel 1

Beispiel 2

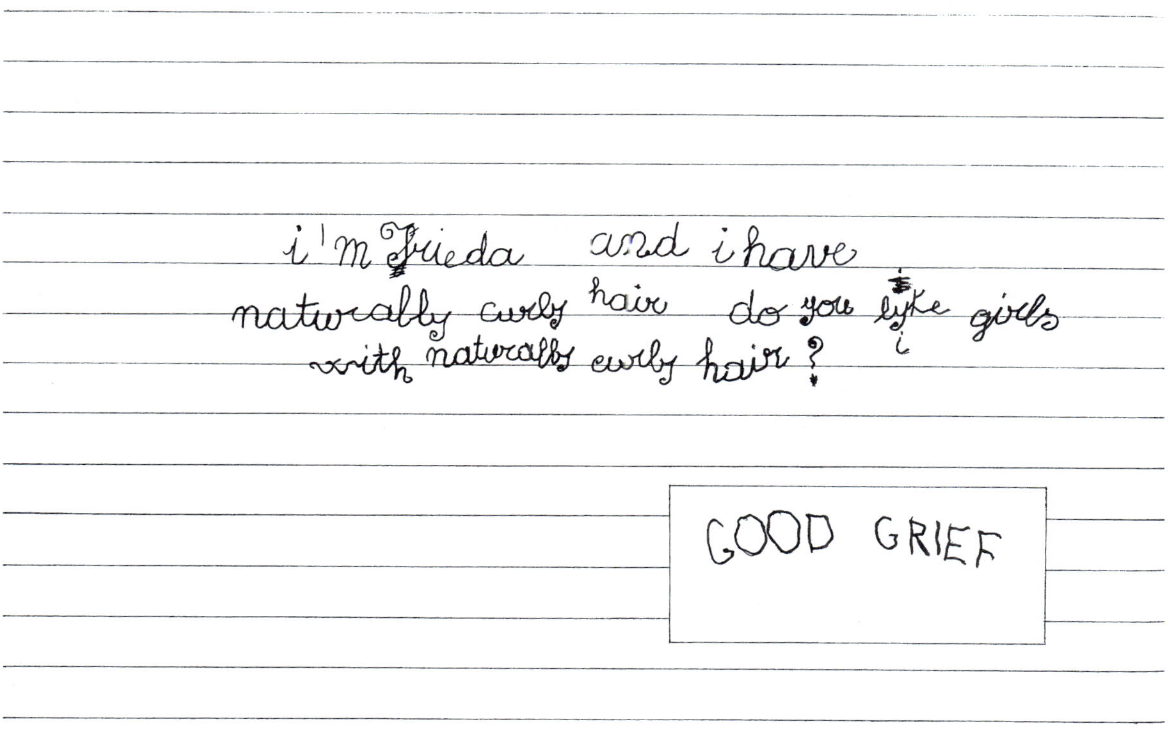

Beispiel 3

Barbara Heller: ›Ensemblearbeit‹

(* 1936 Ludwigshafen)

BARBARA HELLER ist eine Komponistin, die gerne mit vielen Leuten zusammenarbeitet. Mit Kindern und Jugendlichen hat sie Kompositionskurse durchgeführt. Sie selbst studierte Komposition in Mannheim, München und Siena. Heute arbeitet sie als Komponistin und Pianistin.

Bei ihren ersten Werken ging sie vor allem vom Klavier, ihrem Instrument, aus. Später nahm sie mit Kassettenrekordern Natur- und Umweltgeräusche auf und integrierte außermusikalische Klänge in ihre Arbeit (mit Materialien wie Holz- und Metallstäben und Wasserrauschen).

In den letzten Jahren experimentiert BARBARA HELLER öfter gemeinsam mit bildenden Künstlern. Sie gehört zu den Gründungsmitgliedern des ›Internationalen Arbeitskreises Frau und Musik‹ und veröffentlichte u. a. Erstdrucke der Klavierwerke von FANNY HENSEL.

›Stationen‹

Das Werk für gemischtes Ensemble in freier Besetzung ist dem CON GIOCO-ENSEMBLE gewidmet und wurde am 14.10.1995 in Erfurt uraufgeführt. BARBARA HELLER geht hier eine für sie typische Gratwanderung zwischen Komposition, bildender Kunst und Improvisation. Dabei sind die Spieler wesentlich an der Gestaltung des Werks beteiligt. Die Komponistin gibt zum ersten Abschnitt folgende Hinweise:

Das Stück entstand in Schulen. Jugendliche hatten die Idee, Vogelschwärme als grafische Anweisung zu zeichnen, nachdem wir mit den Vogelstimmen vor dem Schulfenster experimentiert hatten. (...) Es wird in vier Zeilen von links nach rechts gelesen, eine Zeile kann am Ende wieder rückwärts gespielt werden, Soloteile kommen aus der Stille und gehen in die Stille. Es können verschiedene Soli in der zweiten Zeile gespielt werden.

Tipps der Komponistin für die Proben:

- *Entscheiden, welche Teile bei Aufführungen interpretatorisch frei und offen bleiben, d. h. welche Teile jeweils spontan strukturiert werden und welche vorausgeplant und genau ausgearbeitet werden.*

- *Alle Fragen des Gesamtablaufs, der formalen Gestaltung klären, d. h. welche Instrumente spielen jeweils solistisch oder in Gruppen usw. Wer übernimmt (wann) die Führung?*

- *Bei Übergängen können Signale ausgearbeitet werden, wie z. B. besondere Töne, Gesten, Motive, bestimmte Rhythmen, Effekte oder Körpersignale.*

- *Wenn grafische Symbole wiederholt vorkommen, soll auch das gleiche musikalische Ereignis wiederholt erklingen, welches für das Symbol gewählt wurde.*

A

1. Entwickelt in einer Gruppe mit beliebig festgelegtem Instrumentarium eine Interpretation des ersten Abschnitts von ›Stationen‹.
Vorschlag der Komponistin: Aus den klingenden Buchstaben des eigenen Namens solistische Motive entwickeln.

2. Vergleicht verschiedene Versionen (am besten vorher aufnehmen) und überlegt, welche Möglichkeiten und Grenzen die grafische Notationsweise gegenüber der traditionellen Notenschrift hat. HB 29
3. Entwickelt ein Stück mit eurer eigenen grafischen Notation.

Stationen (1. Abschnitt)

Barbara Heller

Christina Kubisch: ›Klang – Kunst – Raum‹

(* 1948 Bremen)

Es ist mir unglaublich wichtig, dass jeder diesen Freiraum hat, dass er sich in dem Raum bewegen kann. Dass er nicht irgendwo sitzen muss, nicht husten darf, sondern dass er herumgehen kann.

Zu den Abbildungen (S. 49):
Der Untertitel ›innig, nicht rasch‹ bezieht sich auf Vortragsbezeichnungen von Robert Schumann.
Der Plan der Kirche und die farbig markierten Schieferplatten an der Balustrade der Orgelempore geben einen ersten Eindruck von der Installation. Sowohl die fluoreszierenden Schieferplatten als auch die Lautsprecherklänge beziehen sich auf die strengen Proportionen der Kirche, für die die Zahl 6 eine große Bedeutung hat.
Im Gegensatz dazu stehen das sich ständig verändernde Licht – als nicht mathematisch fassbares Phänomen – und Glasklänge für das Undefinierbare, Magische.

Fast alle Sinne setzt die Künstlerin bei ihren Klanginstallationen ein. Dabei ist die musikalische Komposition immer *ein* Bestandteil neben der bildenden Kunst. Mit ihrem Studium der Musik und der bildenden Kunst sowie einem zusätzlichen Studium der Komposition und Elektronik schuf CHRISTINA KUBISCH die Voraussetzungen, um sich als Grenzgängerin zwischen den Kunstrichtungen bewegen zu können. Sie war sowohl auf der Kasseler *Dokumenta* als auch bei den *Donaueschinger Musiktagen* vertreten. 1997 wählte man sie zum Mitglied der Akademie der Künste Berlin.

Bis 1980 gab sie Konzerte und Performances: Dazu gehörten provozierende Auftritte, bei denen sie mit Boxhandschuhen Flöte spielte. Dann entwickelte sie Klanginstallationen und -skulpturen in Räumen (z. B. Turm, Kirche, Fabrik, Gefängnis) und im Freien (Wald, Platz, Strand). Sie verwendete dabei UV–Licht, später Solarenergie. Im Hamburger Gewächshaus *Planten und Blomen* wurden Klänge zwischen Kakteen von Solarzellen gesteuert. Eine wichtige Rolle spielt bei ihrer Arbeit die Verbindung von Kunst und Natur, die Kombination von genau Geplantem und rein Zufälligem. Dabei nimmt sie teilweise konkret Stellung zu gesellschaftlichen Themen (z. B. zur Umweltproblematik): Die *Konferenz der Bäume* (1989) zeigte fünf reale Bonsai–Bäume auf einem Tisch, an deren raunendem Gespräch man teilnehmen konnte, wenn man den Kopfhörer aufsetzte. Später arbeitete sie auch mit frei aufgestellten Lautsprechern.

›Sechs Spiegel‹ (1994)

Dieses Werk ist – ähnlich wie die Werke HILDEGARDS VON BINGEN – für eine Kirche bestimmt. Natürlich hat sich in fast 900 Jahren die Art und Weise, Musik zu erleben und zu erfinden, sehr verändert. *Sechs Spiegel* ist jedoch ein Beispiel dafür, dass die meditative, besinnliche Wirkung eines Kirchenraums heute wie im Mittelalter zu künstlerischer Gestaltung anregt.

Die Live–Installation war vom 18.12.1994 bis zum 29.1.1995 in der Saarbrückener *Ludwigskirche* zu erleben. Diese wurde nach der Zerstörung im Zweiten Weltkrieg nach alten Plänen wieder aufgebaut. Da CHRISTINA KUBISCH in dem Neubau die Atmosphäre der ehemaligen Kirche vermisste, versuchte sie eine neue Lebendigkeit herzustellen. Sechs uralte Schieferplatten wurden mit fluoreszierenden Pigmenten versehen und mit versteckten Schwarzlichtlampen angestrahlt. Sie leuchteten je nach Lichtverhältnissen im Raum und zeigten ihre Jahrtausende alte Struktur: ›Zeit wird sichtbar‹, so KUBISCH.

Jedem Stein wurde ein Lautsprecherklang zugeordnet, die sechs Klänge mischten sich in zufälligen Kombinationen: Für jeden der sechs Lautsprecher wurde eine Spur mit eigener Länge aufgenommen. Die Zuhörer konnten so in der Kirche eine zufällige Mischung der sechs unterschiedlich langen ›Spuren‹ hören, die sich nach jedem Durchgang (ca. 20 Minuten) neu überlagerten.

A *1. Betrachtet die ›Partitur‹ und den Querschnitt der Kirche zur Installation. Welche Funktion hat die Partitur im Vergleich zu euch bekannten ›Notenschriften‹?*

2. Hört einen Ausschnitt der Installation. Schließt dabei die Augen. Passen solche Klänge auch zu anderen Räumen? HB 30

Sechs Spiegel

(innig, nicht rasch)

Christina Kubisch

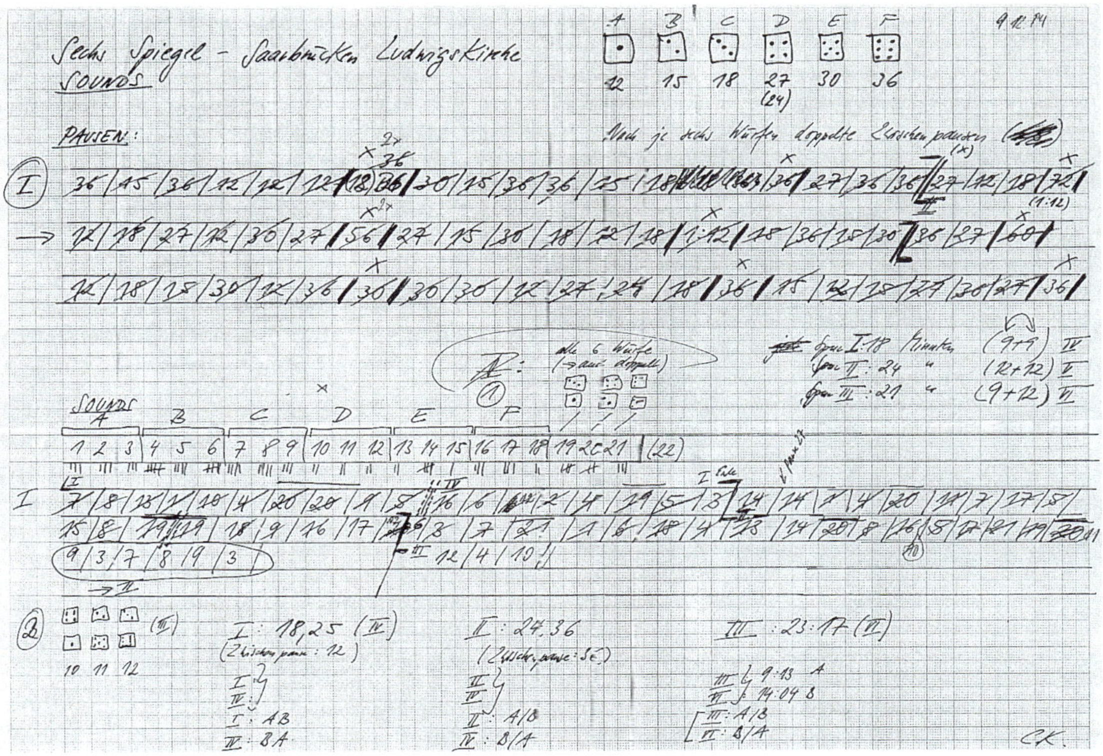

Die Partitur zeigt viele Ziffern und Würfel. Die Klänge wurden mit strenger Planung, aber auch nach dem Zufallsprinzip entwickelt.
Im Studio wurden etwa 100 verschiedene Gläser mit Wasser gefüllt, gerieben und einzeln aufgenommen.
Mit einem Computer wurden diese nummerierten Klänge nach einem Würfel-Prinzip (aleatorisch) hintereinander neu angeordnet.
Auf jeder Spur entstand eine eigene Abfolge der Klänge.
Bei jedem ›Wurf‹ konnten die Komponistin und ihre Assistenten einen von sechs ausgewählten Klängen erwürfeln.

Querschnitt der Saarbrückener Ludwigskirche mit den sechs Spiegeln

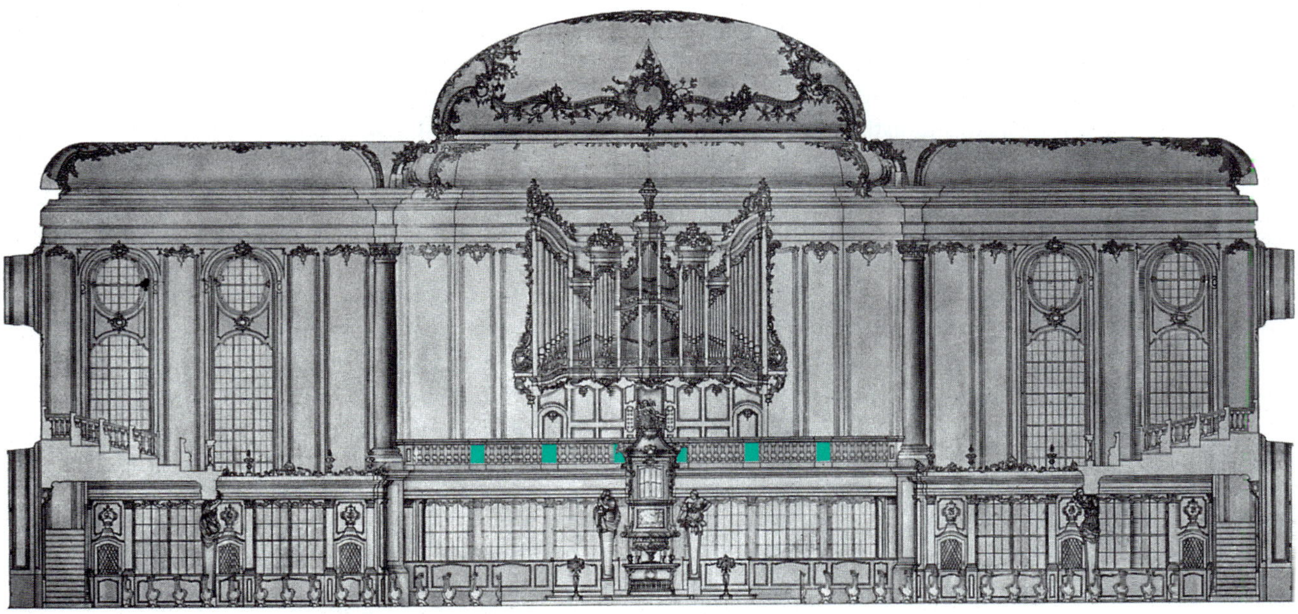

A **3.** *Experimentiert mit verschiedenen Gläsern, an deren Rand ihr (mit befeuchtetem Finger) reibt. Nehmt dazu verschiedene Glastypen und füllt sie ungleichmäßig mit Wasser. Ihr könnt mehrere Gläser gleichzeitig oder einzeln spielen. Ihr könnt auch würfeln. Nehmt eine Abfolge auf.*

4. *Notiert einen Plan, wie ihr z. B. euren Klassenraum mit einer Klanginstallation ausgestaltet: optische Gestaltung, Lichteffekte, Einsatz von Klängen. Günstig für die Realisation wären ein Mehrspur- und ein Hallgerät.*

Komponistinnen im Jazz

Mary Lou Williams:

Du kannst so modern spielen wie du willst – bevor du nicht den Blues zu spielen verstehst, hast du überhaupt nichts gespielt.

Zwar gab es seit den Anfängen des Jazz berühmte Sängerinnen wie BESSIE SMITH, BILLIE HOLIDAY und ELLA FITZGERALD. Aber Frauen, die Bands leiten, Jazzmusik komponieren und arrangieren, sind auch heute noch die Ausnahme. Bekannt in der Jazz–Szene sind auf diesem Sektor die Amerikanerinnen CARLA BLEY (* 1938) und MARIA SCHNEIDER (* 1960), auch die Londonerin GAIL THOMPSON (* 1958) und die Kölner Saxophonistin CHRISTINA FUCHS (* 1963) mit ihrem *United Women's Orchestra*.

Vor allem die *Jazz*musikerinnen haben unterschiedlichste Ausbildungen. Manche wie CARLA BLEY und GAIL THOMPSON warfen in der Schule vorzeitig ›das Handtuch‹ und probierten einen Job nach dem anderen, andere machten Abitur. Während einige recht früh zum Jazz kamen, vielleicht zuvor etwas Klavierspiel oder Singen lernten, absolvierten andere erst einmal ein klassisches Musikstudium, bevor sie den Jazz für sich entdeckten. Viele nehmen – wie ihre männlichen Kollegen – Musikstile unterschiedlichster Kulturen auf. Drei Jazz-Komponistinnen aus verschiedenen Generationen und Kulturen werden hier vorgestellt: MARY LOU WILLIAMS, AKI TAKASE und MARIA SCHNEIDER.

Mary Lou Williams: ›Wurzeln im Blues‹

(1910 Pittsburg – 1981 Durham, USA)

Sie war eine der ersten berühmten Jazzmusikerinnen, die nicht ›nur‹ sangen, sondern sich als Pianistin, Komponistin und Bandleader durchsetzten. MARY LOU WILLIAMS kam aus einer armen Familie in Atlanta (Georgia) und hatte sieben Geschwister. Mit vier erhielt sie von ihrer Mutter, die als Organistin und Haushaltsgehilfin arbeitete, Klavierunterricht. Als Jugendliche begann sie in Vaudeville–Shows (Varietés) aufzutreten. Mit 16 Jahren heiratete sie den Saxophonisten JOHN WILLIAMS, kurz darauf den Trompeter HAROLD BAKER, mit dem sie eine Combo gründete. Seit Ende der 20er Jahre spielte sie in Kansas City in der Big Band von ANDY KIRK. Bald schrieb sie die Arrangements. Anfang der 40er Jahre ging sie nach New York und arrangierte für die Big Bands von BENNY GOODMAN und DUKE ELLINGTON Swing-Stücke. Mitte der 40er Jahre stellte sie eine eigene Frauenband zusammen, die *All Girl Group*. Auch die Entwicklung zum Bebop hat sie mitvollzogen. In den 50er Jahren lebte sie einige Zeit in Europa. In die USA zurückgekehrt, trat sie in den 60er Jahren wieder als Pianistin auf, vor allem mit religiösen Stücken, nachdem sie von der katholischen zur baptistischen Kirche konvertiert war (z. B. 1963 *Mass* und 1969 die *Mary Lou Mass*, Messen im Gospel-Stil). Zuletzt unterrichtete sie als Dozentin für Jazz und setzte sich mit einer Stiftung für Musiker mit Alkohol- und Drogenproblemen ein.

Mary Lou Williams mit dem Leader der ›Twelve Clouds of Joy‹ Andy Kirk (links vom Vibraphon)

Ode to Saint Cecilie

Musik: Mary Lou Williams
Transkription: Oliver Busch

Beispiel 1

Beispiel 2 (Thema, Anfang)

Beispiel 3 (Chorus 1, Anfang)

Die Notenbeispiele zu diesem Trio für Klavier, Kontrabass und Drums wurden von der Aufnahme abgehört und aufgeschrieben (transkribiert). Die Komponistin wird ihren Musikern vermutlich ein ›leadsheet‹ vorgelegt haben, das lediglich das Grundgerüst des Stücks skizziert (Harmonien, Form, Rhythmus), da vieles beim Proben abgesprochen bzw. improvisiert wurde. **HB 31**

A 1. *Hört euch die achttaktige Einleitung (das Intro) des Stückes mehrmals an. Spielt den fortlaufend wiederholten Bass (Ostinato) und spielt (klatscht) das Intropattern des Schlagzeugs. (Beispiel 1)*

2. *Verfolgt den weiteren Ablauf des Stückes: In T. 9 (mit Auftakt) kommt das Klavier mit seiner Unisono-Melodie in rechter und linker Hand dazu. (Beispiel 2)*
Aus diesem Abschnitt (Thema) wird der folgende 1. Chorus (Beispiel 3) entwickelt. Jeder Formabschnitt hat 24 Takte im abgewandelten Blues-Schema.

3. *Ostinato-Bass und Drums laufen im Chorus weiter. Nach 8 Takten (ab T. 42) rückt der Bass allerdings im 1. Chorus für zwei Durchgänge (4 Takte) einen Halbton nach oben. Achtet beim Hören auf diese Rückung.*

Saint Cecilie (= engl. Cecilia): Cäcilia war eine edle Römerin, die für den christlichen Glauben um 230 n. Chr. den Märtyrertod erlitt. Die Heilige gilt als Patronin (Schutzheilige) der Kirchenmusik. Oft wird sie mit einer Orgel abgebildet, weil in der Legende ihres Martyriums ›klingende Orgeln‹ erwähnt werden. Ihr Fest wird am 22. November gefeiert. Zu diesem Anlass haben viele Komponisten Festmusik (Oden) geschrieben, z. B. Georg Friedrich Händel und Henry Purcell. Die Jazzversion von Mary Lou Williams steht somit auch in der Tradition ›klassischer‹ Musik.

Komposition: bedeutet im Jazz die Erfindung des musikalischen ›Gerüsts‹, auch als Grundlage der Improvisationen. Die Notation enthält (meist als ›leadsheet‹) wichtige Themen, den Formverlauf und die Grundharmonien.

Arrangement: ist die Einrichtung der Stimmen mit genauerer Harmonisierung, die Verteilung des Tonsatzes (der Akkorde) auf die Instrumente. Vieles wird unter den Musikern zusätzlich mündlich vereinbart und im Kopf behalten. Man spricht dann von einem ›Head-Arrangement‹.

Aki (Akiko) Takase: ›Einflüsse‹

(* 1948 Tokyo)

AKI TAKASE gehört zu den Komponistinnen, die sich zwischen den Kulturen bewegen. Seit ihrem dritten Lebensjahr hatte sie Klavierunterricht, studierte Musik und gründete ihr erstes Jazz-Trio in Japan (mit Bass und Schlagzeug). 1979 war sie längere Zeit in den USA. Sie hat mit vielen bekannten Jazzmusikern Konzerte gegeben – auch beim *Berliner Jazz-Festival* – und sammelte wichtige Schallplattenpreise. Seit einigen Jahren lebt AKI TAKASE in Berlin, wo sie seit 1997 Professorin für Klavier und Ensemblespiel an der HANNS-EISLER-Hochschule ist.

Aki Takase:

Kein Kind möchte ständig nur üben, proben oder Unterricht haben. Es machte mich natürlich böse, immer wieder das Gleiche zu spielen. Aber Klavierspielen wollte ich schon und ich liebte schon immer die Musik. Meine Mutter nahm mich häufig zu Konzerten mit und das war für mich niemals langweilig. Aber üben wollte ich nie, auch heute nicht.

Eine Freundin zeigte mir in Tokyo einen Jazzclub. Damals hatte ich kein Geld und ich musste drei oder vier Stunden vor einem Kaffee sitzen. Aber es war interessant. Ich fühlte, dass diese Musik Freiheit bedeutet. Nicht immer nur Notenlesen, sondern auch die Fantasie ist gefragt.

Meine Freunde und Kollegen haben mich nie unterdrückt (...) Sicherlich haben es heute Musikerinnen immer noch schwerer als Musiker, denn wenn eine Musikerin ein Kind haben oder eine Familie gründen möchte, ist das schon ein Problem. Ein Mann muss sich darüber keine Gedanken machen.

›Shima Shoka‹

Im Gespräch bei einer Tasse japanischen Tees am ›chabudai‹ (niedriger Tisch) überlegt AKI TAKASE, welches Stück sie euch anbieten könne. Sie entscheidet sich für *Shima Shoka*, was ›Machen wir also‹ bedeutet. Es wirkt für euch vielleicht ungewohnt. Die Komponistin erläutert dazu, dass im Japanischen eher das Vertikale – also der gleichzeitige Zusammenklang (Akkorde) – wichtig ist, außerdem intensive Pausen. In der europäischen Musik dagegen stehe eher der Melodieverlauf im Vordergrund. TAKASE verwendet Septakkorde und Dreiklangsmischungen der Jazzharmonik, die in einer besonderen Schreibweise notiert werden (A^b/ B^b = As-Dur + Basston ›b‹; C_{-7} = c-Moll–Septakkord). Die Notation erlaubt rhythmische Freiheiten, die in der ›klassischen‹ E-Musik nicht üblich sind.

A
1. ***Die Wirkung der Zusammenklänge und Pausen kann beim ersten Hören ›schockieren‹. Verfolgt mehr die Zusammenklänge als die Melodie. HB 32***
2. ***Das Stück besteht aus drei etwa gleich langen Abschnitten: A – B – A. Wie lässt sich der B-Teil im Vergleich zum A-Teil (siehe Beispiel 2) beschreiben?***
3. ***Spielt die Anfangsrhythmen des Notenbeispiels selbst mit Percussioninstrumenten. Sucht einen gemeinsamen Puls (Achtung Fermaten!). (Beispiel 1)***
4. ***Richtet den Abschnitt selbst für verschiedene Stimmen ein oder entwickelt eine freie Improvisation daraus.***

Akkordaufbau von ›Shima Shoka‹ (Beispiel 1)

Shima shoka (Beispiel 2)

Aki Takase

Anmerkungen:

1.) * Der Akkord-Verlauf des A-Teils (s. S. 52) wurde zum Musizieren von c-Moll nach a-Moll transponiert und an den *-Stellen rhythmisch der Aufnahme angeglichen.

2.) Die handschriftliche Vorlage der Komponistin (s. o.) ist *eine* Möglichkeit, das Stück auszuführen. In der Aufnahme hat Aki Takase z. B. den Rhythmus in T. 9 und T. 10 verschoben.

Maria Schneider:

Ich komponiere Musik, die Improvisationen enthält, weil ich die Vorstellung liebe, meine Erfindungen mit spontanen Erfindungen der verschiedenen Spieler, mit denen ich arbeite, zu mischen (...) sozusagen eine wirkliche Mischung der Persönlichkeiten.

Da stellt man fest, dass der Teil am Anfang für den Schluss besser passt, und es ist mehr die Suche nach dem Stück, wie ein Puzzle, als Ideen sammeln und variieren. Das ist das Aufregendste der Welt, wenn auf einmal alle Puzzlesteine fallen und das Stück so ist, wie man es haben wollte!

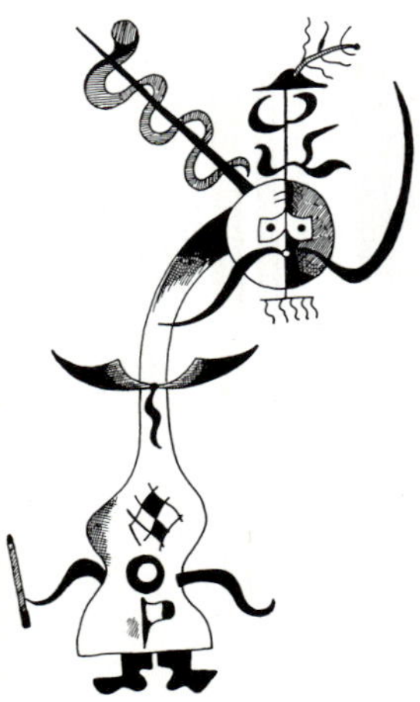

Ein ›Monster‹ von Miró

Maria Schneider: ›Komponieren gegen die Uhr‹

(* 1960 Windom/ Minnesota)

Sie gilt als besonders kreative Komponistin, Arrangeurin und als bedeutender Bandleader der Big Band-Szene. Mit fünf Jahren war ihr klar, dass Musik ihr Leben bestimmen würde. Im Elternhaus lernte MARIA SCHNEIDER Klavier spielen, befasste sich aber auch mit der Klarinette und der Violine. Modernen Jazz lernte sie am College kennen, was ihr Leben gründlich auf den Kopf stellte. Bis dahin war sie der Überzeugung, dass Jazz ein ›ausgestorbener Dinosaurier‹ sei. Als Assistentin bei GIL EVANS – u. a. Arrangeur von MILES DAVIS – lernte sie die Bedeutung von Klangfarben kennen und arbeitete bis zu seinem Tod mit ihm. Seit den 90er Jahren ist MARIA SCHNEIDER Leiterin und Agentin ihres eigenen Jazzorchesters. In einem Interview mit ANGELA BALLHORN gab sie Auskunft über Fragen zu ihrer Person und Arbeitsweise.

Wie muss ich mir das Leben einer Komponistin und Arrangeurin vorstellen?

Ich finde es sehr schwer, meinen Tag so einzuteilen, dass er aus festen Teilen ausbalanciert ist. Ich würde mir wünschen, jeden Tag früh aufzustehen und bis zum Mittag schreiben zu können, vielleicht sogar noch ein paar Stunden dranhängen und mich dann um die organisatorischen Dinge wie Telefonate kümmern. Und den Abend frei haben – aber das funktioniert leider überhaupt nicht! Ich habe Phasen, in denen irgendwie nichts funktioniert – zum Beispiel eine Tour organisieren, da fällt alles andere für die Organisation flach (...).

Was für Klangvorstellungen hast du?

Ich möchte Spannungen, Erwartungen und Bewegung mit meinen Arrangements und Kompositionen aufbauen. Dichte Klänge, lange Formen, eine Art Filmmusik ohne Film. Ich sehe beim Komponieren manchmal Filmszenen vor mir (...). Dazu kommt noch, dass ich jedem Solisten seinen eigenen Klanghintergrund auf den Leib schneidern möchte (...).

In deinem Konzertprogramm sind ein paar Stücke zu finden, die direkt mit Monstern zu tun hatten ...

Ja, ich bin von Monstern besessen, aber ich bin nicht alleine, musste ich vor kurzem zu meiner Beruhigung feststellen, Miró hat auch ganz viele vielbeinige Monster gemalt ... (sie lacht). Ein Kindheitstrauma, schätze ich. Mein Vater hatte im Kalten Krieg einen Schutzkeller gebaut und die Tür, die steil in den Keller führte, war direkt neben meinem Bett. Andere Kinder fürchten sich vor Monstern unter dem Bett, bei mir war es das Monster, das aus dem Schutzkeller kommt.

Wie entstehen deine Kompositionen?

Oft arbeite ich ›in commission‹, also Auftragskompositionen. Das ist immer Arbeit unter unglaublichem Zeitdruck. Es kann vorkommen, dass ich Ankündigungen lese oder Plakate sehe, auf denen meine neuen Arrangements und Kompositionen schon angekündigt sind, obwohl noch nicht eine Note auf dem Papier steht (...) Kreativität unter Druck ist sehr hart.

Du magst das Wort Komposition nicht sehr ...

Naja, ich frage mich oft ›Bin ich Komponistin?‹ Ich finde das Wort ›soundsculpture‹ eigentlich angemessener. (...) Ich fange mit einer ersten Idee, einem Impuls an, dann breite ich ein großes Papier mit Notensystemen aus und experimentiere mit den Ideen. Instinkt ... und wenn ich nicht weiter komme, betrachte ich meine Ideen auf eine mathematische Art und Weise (...).

Dance You Monster to My Soft Song

Maria Schneider

Beispiel 1 (Bass–Riff in der Notation der Gitarrenstimme)

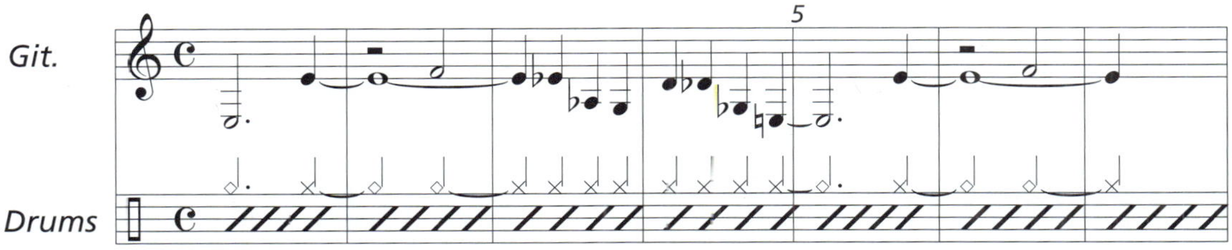

Beispiel 2 (Riff Alt–Saxophon 1, T. 9–16)

Beispiel 3 (Riff Alt–Saxophon 1, T. 25–32)

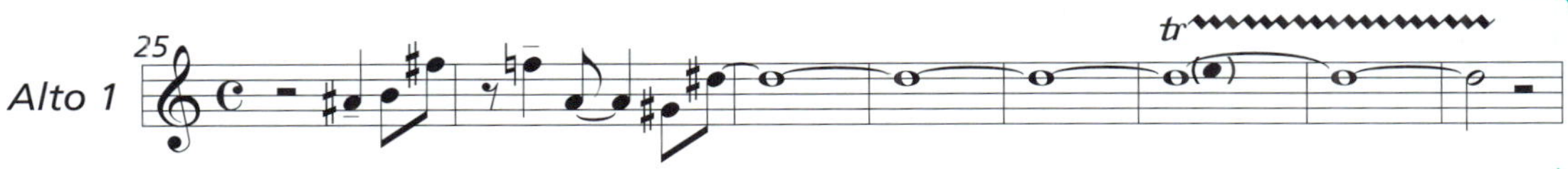

Maria Schneider:

Die Solo-Section bringt ein Stück zu einem kontrastierenden Punkt und gibt den Solisten in der Interpretation die Möglichkeit, sich selbst auszudrücken.

MARIA SCHNEIDER setzt die Blasinstrumente in diesem Stück mit Techniken der Neuen Musik ein. Die Blechbläser spielen z. B. im Abstand einer Sekunde (!) gleichzeitig Triller und Glissandi (vgl. ›Neue Musik‹, S. 34). Auch Anblastechniken wie ›Flatterzunge‹ (gerolltes ›R‹ beim Anblasen) bei den Trompeten verwendet sie. (Auf der Blockflöte lässt sich das auch ausprobieren.)

A

1. Was erwartet ihr von einer Musik, die diesen Titel trägt? Vergleicht eure Erwartungen mit dem Höreindruck. HB 33
Könnt ihr euch dazu eine Szene vorstellen?

2. Wie bei Mary Lou Williams gibt es einen ostinaten Bass. Schreibt das Tonmaterial nach Tonhöhe geordnet innerhalb einer Oktave auf. Was stellt ihr fest?
Klatscht die Rhythmen von Gitarre und Drums (Beispiel 1). Maria Schneider empfiehlt, in Halben zu denken.

3. Wie wird das Bläser-Riff von T. 9 in T. 25 verändert (Beispiele 2 und 3)?

4. Zu Beginn der Gitarren-Improvisation, die am Ende des Hörbeispiels einsetzt, spielen die Begleitstimmen liegende Klänge: gleichzeitig in B-Dur und D-Dur. Experimentiert selbst mit solchen Mischungen (Bi-Tonalität), die im Stück häufig vorkommen.

5. Lasst euch von den Abbildungen anregen und malt eigene Monster, die zur Musik passen.

Pop seit Doo–Wop: U-Musik von Frauen

Patti Smith und Band

Cyndi Lauper: Sie zeigt sich gerne in völlig verschiedenen Rollen.

Bettina Wegner

Produzent/ -in: verantwortliche(r) Leiter(in) im Studio; organisiert die Entstehung der Musik, vereinbart Termine, entscheidet, wann zusätzliche Musiker herangezogen (›gefeatured‹) werden, vermittelt zwischen den künstlerischen Vorstellungen der Musiker und den Aufnahmetechnikern. George Martin produzierte für die Beatles, Quincy Jones und Michael Jackson. Einige Gruppen ziehen es vor, unter eigener Regie zu produzieren, weil diese Arbeit die Stücke entscheidend prägt.

Frauen in der U-Musik: Wer denkt da nicht zuerst an herausragende Sängerinnen? Nach einer Weile fallen euch sicher noch Verfasserinnen von Songtexten oder Instrumentalistinnen ein. Jedoch: Welche Frau aus dem U-Bereich schreibt auch die gesamten Musikstücke? Jedenfalls *nicht* TINA TURNER, NINA HAGEN oder CÉLINE DION. MADONNA, die vor allem durch ihre Videos berühmt wurde, arbeitet – wie auch MARIAH CAREY – fast immer mit Komponisten, Arrangeuren und Produzenten. Doch es gibt sie auch hier, die Komponistinnen.

Bekannt in der deutschen Liedermacher-Szene wurde z. B. BETTINA WEGNER (* 1947), 1983 aus der DDR ausgebürgert (*Sind so kleine Hände).* In den USA schrieb CYNDI LAUPER (* 1953) die Musik zu ihren Video-Clips, z. B. *Girls Just Wanna Have Fun*, eine Bearbeitung des Songs von ROBERT HAZARD. Ihr ›Hit‹ *Time After Time* wurde später von MILES DAVIS neu interpretiert. Viele ihrer Songs hat sie gemeinsam mit Musikerkollegen erfunden oder weiterentwickelt. Dies gilt auch für die Rockmusikerin JANIS JOPLIN oder für PATTI SMITH (* 1946), die zuerst ihre Gedichte nur vorlas, bis ihr jemand vorschlug, sie auch zu singen. Ihre ausdrucksvolle und auffällige Art, sich und ihre Texte ›in Szene‹ zu setzen, spielte für den Punk eine wichtige Rolle. Sie verarbeitete in ihren Songs Erfahrungen aus vielen Jobs (z. B. *Piss Factory*).

Anders als Instrumentalistinnen haben Rock- und Pop–Sängerinnen – genau wie ihre männlichen Kollegen – oft wenig musiktheoretische Grundlagen und überlassen das Erfinden des ›Satzes‹ anderen. Ihre Ideen bringen sie in Proben ein, bei denen gemeinsam ausprobiert, verändert und gebastelt wird. Zu den ›Selbst-Erfinderinnen‹, die in letzter Zeit häufiger werden, zählen die farbenfrohe Afro-Pop-Gruppe ZAP MAMA (aus Brüssel) und die Crossover–Band KICK LA LUNA (aus Frankfurt).

Bei Musikrichtungen wie Rap und Hip Hop – mit SALT 'N' PEPA, die als erste Hip Hop-Frauen 1988 in die Top 40 gelangten, QUEEN LATIFAH u. a. – oder Techno (MARUSHA mit ihrem Hit *Over the Rainbow)* lässt sich kaum von ›Komponieren‹ sprechen: Ihre Songs entstehen beim Musikmachen und werden direkt aufgenommen. Ohne die Produzenten läuft in diesem Bereich nichts, sie spielen eine gleich wichtige Rolle wie die Interpretinnen und Interpreten.

Carole King (r.) mit Cynthia Weil und Barry Mann im Brill-Building

Carole King: ›Hit-Factory‹

(* 1942 New York)

Als erster Hit einer Girl Group erreichte *Will You (Still) Love Me Tomorrow* von den SHIRELLES 1960 Platz 1 in den Charts. (Der Song tauchte 1987 im Film *Dirty Dancing* wieder auf.) CAROLE KING schrieb die Musik, ihr Ehemann, der Texter GERRY GOFFIN, arbeitete am Text mit. **HB 34** Mit vier Jahren begann sie Klavier zu spielen. Als Teenager erfand sie Songs, trat mit Vokalensembles auf und ließ diese (zunächst erfolglos) aufnehmen. Mit GOFFIN, den sie auf dem College kennen gelernt hatte, brach sie das Studium ab und wurde Songschreiberin für die Firma *Aldon* im berüchtigten *Brill-Building* am Broadway. In dieser ›Tin Pan Alley‹ arbeiteten die Hit-Komponisten wie am Fließband (vgl. Randspalte). Einer der bekanntesten Songs von CAROLE KING, *You've Got a Friend*, über die Treue von Freunden wurde zuerst durch JAMES TAYLOR bekannt. Der Titel gehört – wie auch ihre eigene Interpretation von *Will You (Still) Love Me Tomorrow* – zu ihrer LP *Tapestry* (1971): eine der meist verkauften Platten überhaupt. Ende der 70er Jahre zog sich CAROLE KING aus dem Musikbusiness zurück.

The Shirelles – Girl Power der 60er

Die SHIRELLES kannten sich aus der Highschoolzeit und wurden von der Mutter einer Mitschülerin ›vermarktet‹. Sie erhielten vom späteren Profit keine Anteile. Deswegen musste sich die Gruppe 1968 auflösen. Girl Groups hatten zu dieser Zeit noch fast keine Rechte. (Dies hat sich bis heute wesentlich verbessert.) Hinzu kommt, dass sich viele Musikerinnen nicht nur als Frauen, sondern auch als Farbige durchsetzen mussten. Schwarze Girl Groups – wie die SHIRELLES – wurden wesentlich seltener in die Fernsehshows eingeladen als ihre weißen Kolleginnen.

Erst in den 60er Jahren fing man an in den Stücken die Stile – unabhängig von der Hautfarbe – zu mischen. So konnte (die weiße) CAROLE KING für Arrangements der Gruppe Streicher engagieren, die sich die schwarzen *Doo Wop-Bands* (mit ihrer Mischung aus Gospel, Schlager und Rhythm & Blues) nicht hätten leisten können.

Der Durchbruch in die Charts gelang im Übrigen bis Mitte der 60er Jahre nur wenigen – heute eher unbekannten – Gruppen. Erfolgreiche farbige Formationen wie THE BOBETTES und THE CHANTELS (mit jeweils 3–5 Sängerinnen) ebneten den Weg für spätere Girl Groups. Gegen Ende der 60er Jahre verebbte die Modewelle der Girl Groups allerdings. Ins Rampenlicht traten einzelne Sängerinnen wie JANIS JOPLIN oder JOAN BAEZ.

A ***Vergleicht den Gesangsstil und den Einsatz der Instrumente mit heutigen Gruppen. HB 34 Wie wird der Background-Chor eingesetzt?***

The Shirelles

Carole King:

Wir hatten alle ein winziges kleines Loch, gerade genug Platz für ein Klavier und eine Bank und vielleicht, wenn man Glück hatte, einen Stuhl für den Texter. Man saß da und schrieb, und man konnte im Loch nebenan jemanden ein Lied komponieren hören, genau wie man selbst.

Doo-Wop:
Die Bezeichnung tauchte damals auf, weil in den Begleitstimmen (im Refrain) der Songs häufig Silben wie ›doo wop‹ verwendet wurden.

Will You Love Me Tomorrow?

Musik: Carole King
Text: Carole King, Gerry Goffin

The Shirelles

The Supremes

The Bobettes

The Ronettes

1. Vergleicht Auftreten und Kleidung auch mit heutigen Girl Groups.
2. Hört euch Songs von Girl Groups an, die ihr kennt.
Sammelt Informationen über die Mitglieder der Gruppen und vergleicht sie mit denen über die Shirelles.

The Chantels

Salt, Pepa und Spinderella

Miriam Makeba: ›Queen of Africa‹

(*1932 Johannesburg, Südafrika)

Die Biografie der ›Queen of Africa‹ liest sich wie ein spannender Roman mit einer mutigen Heldin. MIRIAM MAKEBA wuchs in einem Vorort von Pretoria auf, wo sie ständig mit ethnischen Verfolgungen konfrontiert war. Trotzdem gelang ihr eine märchenhafte Karriere als Musikerin – mit zahlreichen Schicksalsschlägen. So überwand sie eine Krebserkrankung, auch ihre einzige Tochter starb früh.

Als junge Frau gründete sie 1956 die Gesangsgruppe SKYLARKS, mit der sie den ersten Erfolg hatte. Als sie – zu Gast in den USA – im Anti–Apartheidfilm *Come Back Africa* zwei erfolgreiche Songs gesungen hatte, durfte sie nicht nach Südafrika zurückkehren (auch nicht zur Beerdigung ihrer Mutter). Und als sie vor einem Sonderausschuss der UN gegen die Apartheid eintrat, wurden ihre Schallplatten in der Heimat verboten. Ihr südafrikanischer Pass wurde für ungültig erklärt.

In den USA, wo HARRY BELAFONTE sie besonders gefördert hatte, platzten 1968 ihre Plattenverträge und Konzerttermine, als sie den Führer der Black Power-Bewegung, STOKELY CARMICHAEL, heiratete. MIRIAM MAKEBA ging später nach Guinea und vertrat das Land in der UNO.

Das folgende Stück, das sie mit ihren Musikern entwickelte, wurde von vielen Gruppen interpretiert. **HB 35**

›Pata Pata‹

Zu ihrem weltweit bekanntesten Song *Pata Pata* äußerte die Komponistin:

Es ist seltsam, aber mein größter Erfolg, durch den ich bei Menschen und in Ländern bekannt geworden bin, die vorher nie etwas von mir gehört hatten, war Pata Pata, eines meiner unbedeutendsten Lieder. Ich hatte dieses lustige kleine Stück schon 1956 in Südafrika geschrieben. Es war mir eines Tages im Zusammenhang mit einem Tanz eingefallen, der bei uns zu Hause sehr beliebt war. ›Pata‹ bedeutet in der Sprache der Zulu und Xhosa ›Berührung‹. Die Originalfassung wurde in Südafrika zum Hit. Jetzt nahm ich das Lied für mein erstes Album auf, das von der Schallplattenfirma Reprise Records hergestellt wurde, und zwar mit einem englischen Text. Das Album mit dem Titel Pata Pata kam 1967 in der Hitparade unter die ersten Fünf und war mein erster Verkaufsschlager. Plötzlich wurde ich von Leuten, die gar nicht wussten, dass ich schon 1959 in Amerika war, aufgefordert, in ihren Fernsehshows und Konzertsälen aufzutreten. In den Diskotheken entstand sogar ein neuer Tanz mit dem Namen Pata Pata. Dabei tanzten die Paare getrennt voneinander und streckten die Hände aus, um sich zu berühren.

Pata Pata

Miriam Makeba

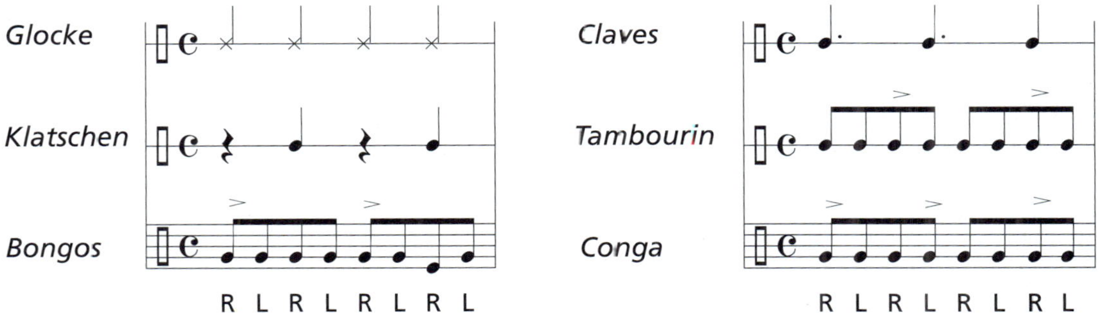

Bongos und Congas auch in Sechzehnteln möglich

Melodie A

Melodie B

Chor (›Das ist Pata Pata‹)

1. Pata Pata is the name of a dance
we do down Johannesburg way,
and everybody starts to move,
as soon as Pata Pata starts to play.

2. Every Friday and Saturday night
it' s Pata–Pata–time.
The dance keeps going all night long,
till the morning sun begins to shine.

Musiziert das viertaktige Harmonieschema mit euren Instrumenten.
Entwickelt eine eigene Vorführung: Der Aufbau des Stücks ist ein einfacher Wechsel zwischen den Melodieteilen A und B. Übt den Backgroundchor mit Bewegungen.
Spielt (oder singt) die Melodien, die ihr rhythmisch verändern könnt. Hier ist eine Möglichkeit notiert.
Versucht selbst je zwei Verse aus einer Strophe pro viertaktigem Durchgang zu sprechen. Tipp: kurz nach der Zählzeit ›1‹ beginnen.
Jeder Abschnitt von vier Takten enthält einmal das Harmonieschema.

Möglicher Ablauf

- *4 Takte Vorspiel, dann:*
- *A – A – B – B – A – A [– B – B],*
- *1. Textstrophe (8 T.) – A – A – B – B [– A – A],*
- *2. Textstrophe (8 T.) – A – A – B – B [– A].*

Dieses Themenheft ist so angelegt, dass es Stücke enthält, die bereits ab Klasse 5/6 musiziert und besprochen werden können (z. B. Ruth Schonthal, S. 33 und Barbara Heller, S. 47). Dagegen eignen sich das *Offertorium* von Sofia Gubaidulina wie auch die *Variationen* von Clara Schumann vor allem für den eher analytisch, auf musikalische Strukturen ausgerichteten Unterricht höherer Klassenstufen. Entsprechend dem besonders umfangreichen Repertoire von Komponistinnen des 20. Jahrhunderts, nimmt die Neue Musik einen relativ großen Raum ein. Stücke wie Berberians *Stripsody* lassen sich zur Einführung in die Neue Musik nutzen.

Den Hauptkapiteln gemäß können bestimmte Epochen oder Stile ausgewählt werden oder übergreifende Themen (Jahreszeiten, Musik und Religion, biografische und gesellschaftliche Bedingungen im Vergleich, Vokaltechniken etc.) zusammengestellt werden. So lässt sich beispielsweise Adriana Hölszkys *Vampirabile* mit Maria Schneiders Monster-Stück kombinieren, etwa in einer fächerübergreifenden Reihe, in der unheimliche oder gruselige Themen in bildender Kunst und Literatur behandelt werden. Beabsichtigt ist, dass Werke von Komponistinnen nicht in ›Ausnahmesituationen‹ vermittelt werden.

Anregung für den Unterricht

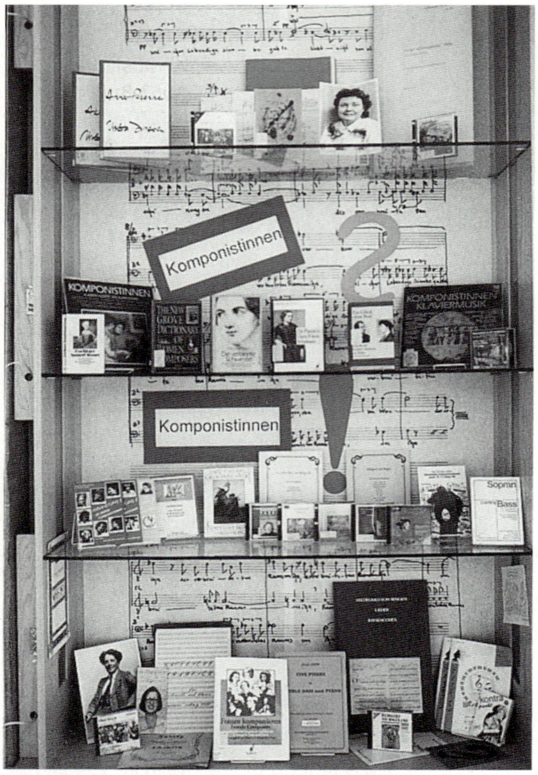

Vitrine der Stuttgarter Musikhochschule zum Thema Komponistinnen

Literatur für den ersten Überblick

GAAR, GILLIAN G.: *Rebellinnen – Die Geschichte der Frauen in der Rockmusik*, übersetzt von Heike Brühl, Hamburg (Argument) 1994
Empfehlung: ein Standardwerk zum Thema, auch als Taschenbuch (derzeit leider vergriffen)

OLIVIER, A. UND BRAUN, S. (Hrsg.): *Komponistinnen aus 800 Jahren*, mit Literaturverzeichnis und Diskografie, Essen (Sequentia) 1996

RIEGER, EVA (Hrsg.): *Frau und Musik*, Kassel (Furore), verschiedene Auflagen
Empfehlung: zahlreiche Quellentexte zur Biografie von Komponistinnen und zur weiblichen Musikerziehung. Die Spezialistin auf diesem Gebiet hat weitere Bücher zum Thema veröffentlicht.

ROSTER, DANIELLE: *Die großen Komponistinnen. Lebensberichte*, Frankfurt/M. (Insel–TB) 1998
Der Text entspricht der Ausgabe von ROSTER, *Allein mit meiner Musik*, Echternach (editions phi) 1995
Empfehlung: gut lesbare Kapitel zu Leben und Werk ausgewählter Komponistinnen von Hildegard von Bingen bis zum 20. Jahrhundert.

SADIE, JULIE ANNE UND SAMUEL, RHIAN (Hrsg.): *The New Grove Dictionary of Women Composers*, New York (Macmillan Press) 1994
Empfehlung: ein besonders gut recherchiertes und umfangreiches Lexikon über Komponistinnen.

SPERBER, ROSWITHA: *Komponistinnen in Deutschland*, Bonn (Inter Nationes) 1996 (mit CD); zu beziehen über das Kulturinstitut ›Komponistinnen gestern – heute‹ e.V. in Heidelberg (Tel: 06221/ 16 68 61)
Empfehlung: enthält neben Kurzinformationen über viele Komponistinnen auch kurze Kapitel zu Jazz und Rock.

WEISSWEILER, EVA: *Komponistinnen aus 500 Jahren. Eine Kultur- und Wirkungsgeschichte in Biografien und Werkbeispielen*, Frankfurt/M. (Fischer–TB), seit 1981
Empfehlung: ein Standardwerk über Komponistinnen (derzeit leider vergriffen). Die Verfasserin hat außerdem u.a. Briefe von Fanny Hensel sowie Clara Schumann veröffentlicht.

Lust auf mehr?

Einige Stadtbibliotheken bieten ein spezielles Literatur- und Notenverzeichnis zum Stichwort ›Komponistinnen‹ an. Wer sich für den Bereich Rock–Jazz–Pop interessiert, kann sich beim **Frauen Musik Büro** in Frankfurt/ M. informieren (Rossdorfer Str. 24, 60385 Frankfurt/ M. Tel.: 069/ 49 60 – 848) und dort auch die Zeitschrift *Melodiva* beziehen.

Die größte Sammlung zu Komponistinnen in Deutschland hat das Archiv des **Internationalen Arbeitskreises Frau und Musik** in Kassel, der die Zeitschrift *Vivavoce* herausgibt (Naumburger Str. 40, 34127 Kassel, Tel.: 0561/ 890 00 61). Im selben Haus findet sich auch ein auf Komponistinnen spezialisierter Verlag für Noten und Literatur.

Abbildungen

Action Press: 59 ol., 60
Archiv für Kunst und Geschichte, Berlin: 6 o., ur., 8, 42 u.
Cécile Armagnac, Paris: 30, 31
Breitkopf & Härtel, Wiesbaden: 42 o.
Corbis Images, London: 26 u.
Christa Elsler, Historisches Farbarchiv, Norderney: 12 ol., 22 u., 51
Furore Verlag, Kassel: 4 o. (in: Eva Rieger, Hrsg., ›Frau und Musik‹, 2. Aufl., Kassel 1990, S. 154)
Walter Häberle, Ostfildern: 7, 62
Hannibal Verlag, St. Andrä-Wördern: 50 u.
Dieter Heinz, Saarbrücken: 49 u.
Friedrich Haun, Borken: 46
Gegenwelten Festival/ ›Komponistinnen, gestern-heute e.V.‹, Heidelberg: 32
Historisches Museum der Stadt Wien: 14
Jazz Archiv, Hamburg: 52, 56 ol.
Christina Kubisch, Berlin: 48, 49 o.
Annette Lederer, Hamburg: 44
Judith Metz, Berlin: 35
By courtesy of the National Portrait Gallery, London: 26 o.
Nieswand Verlag GmbH, Kiel: 50 o. (aus: Ole Brask ›Photographs-Jazz‹ ISBN 3 926048 63 8, 1995)
Popsy, New York: 57 o.
Bildarchiv Preußischer Kulturbesitz, Berlin: 4 u., 6 ul., 9 o., 12 u., 16, 17 or., u., 19, 21 or., 22 o.
Eva Rieger: 5. o. (aus: Eduard Fuchs: ›Die Frau in der Karikatur, Langen-Verlag, München 1907)
Robert Schumann–Haus, Zwickau: 21 u., 24 u.
Internationale Musikverlage Hans Sikorski, Hamburg: 40
Sony Music Entertainment Inc., © 1993: 56 or.
Staatsbibliothek zu Berlin – Preußischer Kulturbesitz, Musikabteilung mit Mendelssohn-Archiv: 17 ol., 18
Stadtarchiv Bonn: 24 o.
Editions Phi, Echternach: 5 u.
Ullstein Bilderdienst, Berlin: 12 or., 21 ol., 27 u., 56 m.
UE Publishing Musikverlags GmbH, © 1998: 54 o.
Verlagsarchiv/ Prospektmaterial: 9 m., 10, 27 o., 55
VG Bild Kunst, Bonn: 54 u.
(Greig) Virago Press, London: 59 or., m., u.
Sammlung David A. Young, Seattle (USA): 57 u.

Copyrights Noten

S. 15: ›Sinfonie in C‹, © 1991 by PJ. Tonger, Köln-Rodenkirchen
S. 18: ›Das Jahr‹, © Furore Verlag Kassel, ISMN, M-50012-038-4
S. 22: ›Konzert a-Moll‹: © Edition Breitkopf & Härtel Wiesbaden
S. 27: ›The March of the Women‹, © Curwen, J. & Songs Ltd. Edition Wilhelm Hansen, Hamburg
S. 28: ›The Wreckers‹ © c/o The Performing Right Society Ltd., London
S. 33: ›Harbor Lights‹, © 1996 by Carl Fischer, Inc. New York. International Copyright secured.
S. 33: ›Sitting by the Water's Edge‹, © 1996 by Carl Fischer, Inc. New York. International Copyright secured.
S. 34 o.l., 45: ›Stripsody‹, © 1966 by C.F. Peters Corp., New York – Abdruck mit Genehmigung von C.F. Peters, Musikverlag, Frankfurt/ M.
S. 35: ›Coq-à-l' âne‹, © Bärenreiter Verlag, Kassel
S. 40: ›Offertorium‹, © Internationale Musikverlage Hans Sikorski, Hamburg
S. 43: ›Vampirabile‹, © Astoria Verlag GmbH, Berlin
S. 45: ›Stripsody‹, © 1966 by C.F. Peters Corp., New York – Abdruck mit Genehmigung von C.F. Peters, Musikverlag, Frankfurt/ M.
S. 46: ›Stationen‹, © Furore Verlag Renate Matthei, Kassel
S. 48: ›Sechs Spiegel‹, © Christina Kubisch, Berlin
S. 51: ›Ode to Saint Cecilie‹, © c/o American Society of Composers, Authors and Publishers (ASCAP), New York
S. 52: ›Shima Shoka‹, © Edition Tutu c/o Enja Records Horst Weber GmbH, München
S. 55: ›Dance You Monster‹, © MSF Music 1989 für die Welt exkl. USA Enja Records Matthias Winckelmann GmbH, München
S. 58: ›Will You Love Me Tomorrow?‹, © Screen Gems EMI Music Inc., Robert Mellin Musikverlag KG, München
S. 61: ›Pata Pata‹, ©1967 Budde Songs, Inc / Abekam Music, für D/A/CH: Rolf Budde Musikverlag GmbH (Edition Nortton), Berlin

Copyrights Texte

S. 21: ›Clara Wieck‹, aus: Beatrix Borchard, *Clara Schumann. Ihr Leben*, Frankfurt/ M., Berlin 1994, S. 9
S. 22: ›Stationen 1854–1856‹, nach: Beatrix Borchard, *Clara Schumann. Ihr Leben*, Frankfurt/ M., Berlin 1994, S. 258
S. 32: ›Von 9 bis 13 Uhr‹, aus: Martina Helmig, *Ruth Schönthal. Ein kompositorischer Werdegang im Exil*, Olms Verlag, Hildesheim, Zürich, New York 1994, S. 17
S. 33: ›Unterschiedliche Versionen‹, (d.T.: V. Funk) aus: Ruth Schonthal, *Pentatonics for Piano Solo*, Carl Fischer Verlag New York 1996, Vorwort
S. 35: ›Die Komponistin ist‹, aus: Roswitha Sperber (Hrsg.), *Komponistinnen in Deutschland*, Inter Nationes, Bonn 1996, S. 32
S. 40: ›Die Religion‹, aus: *Sofia Gubaidulina. 65. Geburtstag*, Sikorski, Hamburg 1996, S. 5
S. 40: ›Ernste Musik‹, aus: *Sofia Gubaidulina. 65. Geburtstag*, Sikorski, Hamburg 1996, S. 6
S. 42: ›Wenn ich‹/ ›Die ersten Versuche‹, aus: Beatrix Borchard (Hrsg.), *Klangportrait*, Bd. 1 *Adriana Hölszky*, Rucksaldruck Berlin, © Musikfrauen Berlin 1991, S. 16
S. 46: ›Das Stück entstand‹, private Information an V. Funk
S. 46: ›Tipps‹, aus der Notenausgabe *Stationen für gemischtes Ensemble*, Furore Edition, Kassel, o.J.
S. 48: ›Es ist mir‹, aus: Roswitha Sperber (Hrsg.), *Komponistinnen in Deutschland*, Inter Nationes, Bonn 1996, S. 117; dort Nachweis: Interview mit D. Kubisch, in: Golo Föllmer, *Klanginstallationen und öffentlicher Raum*, TU Berlin 1995
S. 52: ›Kein Kind‹/ ›Eine Freundin‹/ ›Meine Freunde‹, aus: Gunna Wendt (Hrsg.), Die Jazz-Frauen, Luchterhand Verlag, Hamburg 1992, S. 103
S. 54: ›Ich komponiere‹, (d.T: V. Funk) aus: Vorwort zur Notenausgabe von *Evanescence*, S. IX, Universal Edition, Wien
S. 54: ›Da stellt man fest‹ sowie Interview mit Angela Ballhorn, aus: Zeitschrift Melodiva, Heft 11/98, S. 10ff., Frauen Musik Büro, Frankfurt/M.
S. 55: ›Die Solo-Section‹, (d.T: V. Funk) aus: Vorwort zur Notenausgabe von *Evanescence*, S. IX, Universal Edition, Wien
S. 57: ›Wir hatten alle‹, aus: Charlotte Greig, *Will You Still Love Me Tomorrow? – Mädchenbands von den 50er Jahren bis heute*, rororo TB, Reinbek bei Hamburg 1991, S. 49
S. 60: ›Es ist seltsam‹, aus: Miriam Makeba/James Hall, *Homeland Blues. Ein farbiges Leben*, Goldman Verlag, München 1987, S. 196

Nicht in allen Fällen war es möglich, den uns bekannten Rechteinhaber ausfindig zu machen. Berechtigte Ansprüche werden selbstverständlich im Rahmen der üblichen Vereinbarungen abgegolten.

Personen und Gruppen